普通高等教育应用技术型院校艺术设计类专业规划教材　总主编/许开强　胡雨霞　章　翔

U0737228

汽车造型设计基础

主　编　李君华　宋奕勤　王　中

合肥工业大学出版社

图书在版编目（CIP）数据

汽车造型设计基础/李君华等主编.—合肥：合肥工业大学出版社，2016.8
ISBN 978-7-5650-2940-0

Ⅰ.①汽…　Ⅱ.①李…Ⅲ.①汽车—造型设计　Ⅳ.①U462.2
中国版本图书馆CIP数据核字（2016）第208558号

汽 车 造 型 设 计 基 础

主　　编：李君华　宋奕勤　王　中
责任编辑：石金桃　王　磊
书　　名：普通高等教育应用技术型院校艺术设计类专业规划教材——汽车造型设计基础
出　　版：合肥工业大学出版社
地　　址：合肥市屯溪路193号
邮　　编：230009
网　　址：www.hfutpress.com.cn
发　　行：全国新华书店
印　　刷：安徽联众印刷有限公司
开　　本：889mm×1194mm　1/16
印　　张：8.75
字　　数：260千字
版　　次：2016年8月第1版
印　　次：2016年8月第1次印刷
标准书号：ISBN 978-7-5650-2940-0
定　　价：48.00元
发行部电话：0551-62903188

普通高等教育应用技术型院校艺术设计类专业规划教材
教材编写委员会

总主编：

许开强　原湖北工业大学艺术设计学院　院长
　　　　现任武汉工商学院艺术与设计学院　院长

胡雨霞　湖北工业大学艺术设计学院　副院长

章　翔　武昌工学院艺术设计学院　院长

副总主编：

杜沛然　武昌首义学院艺术与设计学院　院长

蔡丛烈　武汉学院艺术系　主任

伊德元　武汉工程大学邮电与信息工程学院建筑与艺术学部　主任

徐永成　湖北工业大学工程技术学院艺术设计系　主任

朴　军　武汉设计工程学院环境设计学院　院长

编委会成员：（以姓氏首字母顺序排名）

陈　瑛　武汉东湖学院传媒与艺术设计学院　院长

陈启祥　原汉口学院艺术设计学院　院长

陈海燕　华中师范大学武汉传媒学院艺术设计学院　院长助理

何彦彦　武汉工商学院艺术与设计学院　副院长

何克峰　湖北工业大学艺术设计学院

况　敏　武汉设计工程学院艺术设计学院　院长

李　娇　武汉理工大学华夏学院人文与艺术系　常务副主任

刘　慧　武汉东湖学院传媒与艺术设计学院　教学副院长

刘　津　湖北大学知行学院艺术设计教研室　主任

祁焱华　武汉工程科技学院珠宝与设计学院　常务副院长

钱　宇　武汉科技大学城市学院艺术学部　副主任

石元伍　湖北工业大学工业设计学院　副院长

宋　华　武昌首义学院艺术与设计学院　副院长

唐　茜　华中师范大学武汉传媒学院艺术设计学院　院长助理

王海文　武汉工商学院艺术与设计学院　副院长

吴　聪　江汉大学文理学院体美学部与艺术设计系　副主任

阮正仪　文华学院艺术设计系　主任

张之明　武昌理工学院艺术设计学院　副院长

赵　文　湖北商贸学院艺术设计学院　院长

赵　侠　湖北工业大学工程技术学院艺术设计系　副主任

蔡宣传　汉口学院艺术设计学院　副院长

序

　　劳动创造是人类进化的最主要因素。从蒙昧的石器时期到营养的农耕社会，从延展机体的蒸汽革命到能源主导的电气时代，再扩展到今天智能驱动的互联网时代，人类靠不断地创造使自己成为世界的主人。吴冠中先生曾经说过：科学探索物质世界的奥秘，艺术探索精神情感世界的奥秘。艺术与设计恰恰是为人类更美好的物化与精神情感生活提供全方位服务的交叉应用学科。

　　当前，在产业结构深度调整，服务型经济迅速壮大的背景下，社会对设计人才素质和结构的需求发生了一系列的新变化……并对设计人才的培养模式提出了新的挑战。现在一方面是大量设计类毕业生缺乏实践经验和专业操作技能，其就业形势严峻；另一方面是大量企业难以找到高素质的设计人才，供求矛盾突出。随着高校连续十多年扩招，一直被设计人才供不应求所掩盖的教学与实践脱节的问题更加凸显出来，并促使我们对设计教学与实践进行反思。目前主要问题不在于设计人才的培养数量，而是设计人才供给、就业与企业需求在人才培养方式、规格上产生了错位。要解决这一问题，设计教育的转型发展是必然趋势，也是一项重要任务。向应用型、职业型教育转型，是顺应经济发展方式转变的趋势之一。李克强总理明确提出要加快构建以就业为导向的现代职业教育体系，推动一批普通本科高校向应用技术型高校转型，并把转型作为即将印发的《现代职业教育体系建设规划》和《国务院关于加快发展现代职业教育的决定》中强调的优先任务。

　　教材是课堂教学之本，是展开教学活动的基础，也是保障和提高教学质量的必要条件。不少高校囿于种种原因，形成了一个较陈旧的、轻视应用的课程机制及由此产生的脱离社会生活和企业实践的教材体系，或以老化、程式化的教材结构维护以课堂为中心的教学方法。为此，组建各类院校设计专业骨干构成的作者团队，打造具有实践特色的教材，将促进师生的交流互动和社会实践，解决设计教学与实践脱节等问题，这也是设计教育改革的一次有益尝试。

　　该系列教材基于名师定制知识重点、剖析项目实例、企业引导技能应用的方式，实现教材"用心、动手、造物"的实战改革思路，充分实现"学用结合"的应用人才培养模块。坚持实效性、实用性、实时性和实情性特点，有意简化烦琐的理论知识，采用实践课题的形式将专业知识融入一个个实践课题中。该系列教材课题安排由浅入深，从简单到综合；训练内容尽力契合我国设计类学生的实际情况，注重实际运用，避免空洞的理论介绍；书中安排了大量的案例分析，利于学生吸收并转化成设计能力；从课题设置、案例分析、参考案例到知识链接，做到分类整合、交互相促；既注重原创性，也注重系统性；整套教材强调学生在实践中学，教师在实践中教，师生在实践与交互中教学相长，高校与企业在市场中协同发展。该系列教材更强调教师的责任感，使学生增强学习的兴趣与就业、创业的能动性，激发学生不断进取的欲望，为设计教学提供了一个开放与发展的教学载体。笔者仅以上述文字与本系列教材的作者、读者商榷与共勉。

原湖北工业大学艺术设计学院院长

现任武汉工商学院艺术与设计学院院长

湖北工业大学学术委员会副主任

前言

  汽车造型设计这门基础课程在我国高等教育中历经十多年了，早期教程以汽车基础知识、内部结构、维修等工科内容为主，近年来虽增加了车身设计等内容，但都以数据分析为主。考虑到我国高校教育对象的知识背景和专业细分环境，在编撰本教材时，编者注重汽车基础理论与设计实例相结合，以便增加学生学习的趣味性。

  本书试图从汽车造型设计角度探索汽车设计形态多样化的一些基本规律、形态创新的基本方法，为汽车形态创新创意设计提供一定的理论基础和经典案例研究分析。本书重点讲解了汽车内部结构与造型解析、空气动力学、造型设计的基础规律、造型设计方法、形态语义设计、人机工程学分析、油泥模型制作、品牌汽车造型设计分析等内容，探讨汽车设计中的造型、色彩、结构等知识，使汽车的形态研究有着全面立体的内涵，以便未来的形态设计向个性化、多元化、全球化的方向发展。

  最后，对此次编撰工作提供鼎力帮助的刘仕杰、刘芳、雷文菁、殷梓轩同学表示衷心的感谢。由于编者的能力有限，书中还存在着不足和疏漏之处，恳请广大读者不吝赐教，我们会万分感谢。

编 者

2016.5

目录
contents

世界万物都以其各自的形态而存在，无论是自然界鬼斧神工的自然形态，还是经过了漫长的历史演变而形成的丰富多彩的造物形态，都以其强烈的艺术美感及视觉上的冲击给人心理上的震撼。在美国，汽车是指由本身的动力驱动（不包括人力、畜力），以及装有驾驶操纵装置的在固定轨道以外的道路或自然地域上运输客货或牵引其他车辆的车辆。在日本，汽车则指自身装有发动机和操纵装置而不依靠轨道和架线能在陆上行驶的车辆。

自世界上第一辆汽车面世以来，到现在的超级跑车仅仅用了一百年的时间，汽车就成为改变人们生活方式和提升速度的工具。各大汽车制造商们投入巨额资金和技术力量进行汽车设计，追求安全、舒适、动力强劲等诸多特性，迄今为止，汽车已经成为人们必不可少的出行工具。

1.1　汽车驱动方式的发展史

1. 蒸汽机车的诞生

1712 年英国人托马斯·纽科门发明的纽科门蒸汽机，变革了以人力及畜力为动力的蒸汽机。1769 年由法国人 N·J·居纽发明的"卡布奥雷"蒸汽驱动的三轮汽车可以说是世界上第一辆真正意义上的蒸汽汽车（图 1-1，表 1-1），这辆汽车外形上还沿袭了马车的造型形式，仅仅是以梨形的蒸汽机替代了马的部位，运行速度与今日汽车速度不可同日而语，每前进 12~15min 就需要加热 15min，最终致命的速度缺陷使得其发明的蒸汽汽车以失败而告终。虽然居纽发明的蒸汽机车没有进一步的发展，但是它的机械动力驱动方法具有划时代的意义，开启了汽车新时代。

图 1-1　居纽研制的"卡布奥雷"蒸汽汽车
表 1-1　居纽研制的"卡布奥雷"蒸汽汽车参数

车长	车高	前轮直径	后轮直径	运行速度
7.32m	2.2m	1.28m	1.50m	3.5 ~ 3.9km/h

1757 年，木匠出身的技工詹姆斯·瓦特（图 1-2）被英国格拉斯戈大学聘为实验室技师，有机会接触纽科门蒸汽机，并对纽科门的蒸汽机产生了兴趣。1769 年，瓦特与博尔顿合作，发明了装有冷凝器的蒸汽机。1774 年 11 月，他俩又合作制造了真正意义的蒸汽机（图 1-3）。蒸汽机曾推动了机械工业甚至社会的发展，并为汽轮机和内燃机的发展奠定了基础。

图 1-2　詹姆斯·瓦特
图 1-3 詹姆斯·瓦特发明的蒸汽机

1803 年法国工程师特利维柯 (1771—1833) 采用新型高压蒸汽机安装汽车，可乘坐 8 人，在行驶中平均时速 13km，从此，用蒸汽机驱动的汽车开始在实际中应用。

1825 年，英国人斯瓦底·嘉内公爵 (1793—1873) 制造了一辆蒸汽公共汽车，18 座，车速为

19km/h，开始了世界上最早的公共汽车运营（图 1-4）。

1831 年，美国的哥德史沃奇·勒将一台蒸汽汽车投入运输，相距 15km 的格斯特夏和切罗腾哈姆之间便出现了有规律的运输服务，这台运输车走完全程约需 45min。

随后三年内，在伦敦街头也出现了蒸汽驱动公共汽车。然而，蒸汽驱动公共汽车较低的速度、因工艺欠缺导致的高维修率，以及笨重的外形对未经铺修路面的压损、锅炉燃烧所排出的煤灰、黑烟对沿街住户和行人造成的危害，都影响了人们对汽车的情感

图 1-4　嘉内制造的蒸汽公共汽车

认同。在与马车并存局面中，人们甚至嘲笑汽车不如马车跑得快，在交通堵塞时汽车的轰鸣声经常引起惊马事件造成各种事故，都引起了人们的强烈反感，纷纷呼吁取缔汽车这种事物。在 1865 年英国就定了"红旗法规"，该法规规定蒸汽汽车必须有两人以上参加驾驶，蒸汽车辆的行驶速度不得超过 6.5 km/h，车前方 55m 处必须有人高举红旗或红灯开路，预先警告马车、行人避让。"红旗法规"可谓是世界上最早的机动车法规，然而这条法规的实施大大阻碍了汽车的推广，使得英国尽管是最早实施工业化革命的国家，在后来制造汽车的起步上却大大落后于其他工业国家。

2. 内燃机车的发展

为了解决蒸汽汽车的笨重、燃料在外部燃烧导致乘坐中的热脏问题，1800 年艾提力·雷诺制造了一款内燃机，让燃料在发动机内部燃烧。

1861 年，法国的德·罗夏提出了进气、压缩、做功、排气等容燃烧的四冲程内燃机工作循环方式，于 1862 年 1 月 16 日被法国当局授予了专利。

1866 年，德国工程师尼古拉斯·奥托成功地试制出动力史上有划时代意义的立式四冲程内燃机。1876 年，又试制出闻名于世的第一台实用的活塞式四冲程煤气内燃机，被称为奥托内燃机，其四冲程循环被称为奥托循环。这台单缸卧式煤气机功率为 2.9kW，压缩比为 2.5，转速为 250r/min，并于 1877 年 8 月 4 日获得专利。奥托内燃机的发明为汽车的发展奠定了基础。

图 1-5　戴姆勒研制的汽车

1883 年德国人 G·戴姆勒取得了燃烧炼制灯用煤油副产品的汽油蒸汽内燃机的专利，并于 1885 年将这种内燃机改装在木制自行车以及三轮车上，被后世称作是摩托车的雏形。1886 年戴姆勒将内燃机安装在四轮马车上，毫无车身设计可言，只有一个马车蓬，被认为是汽车的初始造型（图 1-5）。

然而，世界上第一辆汽车通常被认为是由德国工程师卡尔·本茨（1844—1929）（图 1-6）于

图 1-6　卡尔·本茨

图 1-7　本茨研制的世界上第一辆汽车

1885 年 10 月研制成功的，这时期很多发明创造为汽车的产生提供了技术发展的条件，如内燃机点火装置、铅酸蓄电池、硬橡胶实心轮胎及弹簧悬架等技术。他于 1886 年 1 月 29 日向德国专利局申请汽车发明的专利，专利证书号为 37435，本茨的专利证书也成了世界上第一张汽车专利证书，因此这一天被公认为是世界汽车的诞生日，1886 年作为汽车元年。该车由三轮汽车改装而成，采用单缸 785 毫升 0.8 马力的二冲程试验性发动机，车速达到 15km/h，具有现代汽车的火花点火、水冷循环、钢管车架、钢板弹簧悬架、后轮驱动前轮转向和制动手把等，这辆汽车现在被收藏在德国的奔驰汽车博物馆内（图 1-7）。

1987 年奔驰汽车公司成立，1890 年戴姆勒公司成立，1926 年奔驰和戴姆勒公司合并成为戴姆勒 - 奔驰公司，生产"梅塞德斯 - 奔驰"牌汽车。本茨和戴姆勒发明的以内燃机为动力的汽车奠定了现代汽车发展的基础，成为汽车发展史上最重要的里程碑，他们两人也被世人尊称为"汽车之父"、"汽车鼻祖"。

1.2 汽车造型的形态演变

汽车的造型设计是为汽车产品提供竞争最有力的手段之一，其形态的可变性与多样性受到工程结构、科学、材料等诸多方面的限制，横向承接了地域性、民族性、国家性的特征，纵向承接了时间、历史进程上的渐进及其风格上的迥异性。形态万千的汽车设计以其独特的造型语言承载着强烈的时代特征、丰富的文化内涵及其价值理念。汽车的改进发展进程中，

图 1-8　马车造型

凝聚了无数设计者的智慧及独特的匠心，宽广的道路、科学技术的兴起、钢铁材料的发展及石油等燃料的兴起，为汽车的燃油特性提供了保证。

1. 厢形汽车（box body）

早期的汽车是"没有马的马车"，这种马车造型的汽车，从整体上看是四方形，并装有门和窗，人们称这类车为"箱形汽车"。因这类车的造型酷似欧洲贵妇人们用于结伴出游和其他一些场合的人抬"轿子"，所以它在商品目录中被命名为"轿车"。这种四四方方的带有车篷和车门的厢形汽车，脱胎于公路运输模式的马拉车辆的形态（图 1-8），这种实用性极强的造型形态存在着美感上的欠缺，同时厢形汽车的横截面尺寸过大增加汽车的迎风面积以致产生较大的空气阻力，使得汽车速度难以大幅度提高，这些因素导致了厢形汽车的销声匿迹。然而，汽车的出现彻底改变了人类的行为方式与生活方式，加快了人类工业化的进程。

真正意义上的厢形汽车是亨利·福特（Henry Ford，1863—1947）（图 1-9）于 1908 年推出的 T 形汽车，其开创了流水装配线的汽车工业的革命，因此福特被尊为"为世界装上轮子的人"、"汽车界的哥白尼"、"汽车大王"。亨利·福特出生于密歇根费尔德城的农庄，他从小就对机械感兴趣。12 岁时他花了很多时间建立了一个自己的机械坊，15 岁时他亲手造了一台内燃机。

1879 年他离开家乡去底特律做机械师学徒工，学成后他进入西屋电气公司。

1893 年成为爱迪生照明公司的总工程师，为底特律供应照明用电。

1893 年辞职并在 1903 年创立福特汽车公司。

1908 年 9 月 27 日福特汽车公司在密歇根州底特律市的皮科特厂生产出世界上第一辆面向平民大众的汽车——T 形车（图 1-10），世界汽车工业革命就

图 1-9 亨利·福特

此开始，美国亦自此成了"车轮上的国度"。

福特汽车公司无与伦比的成就源于 1913 年世界上第一条流水装配线的开发，这一创举使 T 形车一共生产了 1500 万辆，开创了汽车史上的世界纪录。他不仅革新了工业生产技术，亦是革新了工业生产方式及管理方式，为汽车产业及制造业的发展起了巨大的推动作用。在 1999 年《财富》杂志将他评为"21 世纪商业巨人"，以表彰其对汽车工业发展所作出的杰出贡献。在 20 世纪全球性投票之中，福特 T 形车成为世界上最有影响力的汽车。

图 1-10　福特 T 形车

流水装配线是源于屠宰场的动物肢解与传送带传送过程中，个体工人重复切片的高效率改进的，推动了全球第一条汽车流水生产线，大大提高了汽车的柔性生产产能。新的生产工序为汽车的批量生产带来了革命性的进步，将每辆车的生产时间从原来的 12h 缩短为仅仅 90min，将原来的 3000 个组装部件的工序简化为 84 道工序。

这种流水线方式在增加产量和减少成本方面极为成功：

1910 年生产了 2 万辆 T 形车，每辆成本 850 美元。

1914 年美国汽车总数为 55 万辆，其中 25 万辆为福特 T 形车。

1915 年在采用了新的生产方式之后，产量达 60 万辆，成本下降到 360 美元。

1927 年，福特在全球售出超过 1500 万辆汽车，占当时全球汽车销售总量的 50%。

就汽车的发展而言，T 形车仍处于过渡阶段，马车设计的影响很强，如辐式车轮和折叠车篷的车身。车身置于很高的底盘上，以便于在崎岖的乡村道路上行驶。这种汽车结实、尺寸小、重量轻、高底盘、易修理、价格便宜、经济实用，丝毫没有华而不实的装饰。T 形福特车把汽车从贵族及有钱人的专利品一举变成大众化商品。

由于采用了高效的流水生产作业，汽车生产所需的时间、成本和人力资源大幅下降，而随之而来的好处是将福特 T 形车的售价从 850 美元降低到 300 美元以下，从而让高品质的汽车成为广大消费者能负担得起的交通工具。1914 年福特的"5 美元日薪制度"——具有里程碑意义的薪酬方案大大激励了员工的士气与忠诚度，随着工艺的不断改进，福特工产每 24s 就能生产一辆 T 形车。

福特在美学上和实际上把标准化的理想转变成了消费品的生产，对后来现代主义的设计产生很大的影响。巨大的石油矿藏、号称"比水还便宜"的汽油为人类汽车工业的高歌猛进提供了平台，这时期与汽车同台竞争的马车与蒸汽机车逐渐退出了历史的舞台。

然而 T 形车的千篇一律缺乏创新的造型难以满足人们审美观念的变化，车头较小，与机身的连接不协调，同时厢形汽车的横截面尺寸过大增加汽车的迎风面积以致产生较大的空气阻力，使得汽车速度难以大幅度提高，更兼多年来基本上没有什么变化，使得福特渐渐失去了市场地位。1925 年 T 形车因严重滞销而不得不停止生产，转而生产全新的 A 形车（图 1-11），该车工艺精湛、技术先进、性能卓越、外观精美，相比 T 形车在各个方面都有了巨大的改进。在 1927 年末到 1931 年间，共计 450 多万辆不同车身造型和不同颜色的 A 形车行驶在美国的大街小巷之中。

2. 甲壳虫形汽车（beetle body）

甲壳虫的历史渊源可以追溯到 1930 年，德国的独裁者阿道夫 · 希特勒要求波尔舍（1875 − 1951）设计一种大众化的汽车，并亲自绘制了"人民汽车"的草图（图 1-12）。希特勒要求该车需提供两个成年人和三个儿童的乘坐空间，最高时速达到 100km，以满足高速公路行驶需求，平均油耗不高于百千米 7 升，售价要控制在 1000 马克之下。1933 年波尔舍博士设计了一种类似甲壳虫外形的汽车，他最大限度地发挥了甲壳虫外形的长处，成为同类车中之王，甲壳虫也成为该车的代名词（图 1-13）。

图 1-11　1928 年福特 A 形车

"甲壳虫"这个名字第一次出现在大众面前是在 1938 年 7 月 3 日的《纽约时报杂志》上，美国人认为这辆车像"一只可爱的小甲壳虫"。但是直到 1968 年，"甲壳虫"的名字才第一次正式出现在大众公司的官方名册上。由于"二战"的原因，大众汽车公司开始大量生产军用汽车。甲壳虫形汽车直到 1949 年才真正大批量生产，并开始畅销世界各地。

图 1-12　希特勒绘制的"人民汽车"草图

1939 年 2 月 16 日，柏林车展上还展出了由费迪南 · 波尔舍重新设计，由希特勒命名的"KdF-Wagen"。

1972 年 2 月 17 日，第 15007034 辆甲壳虫出厂，打破了福特公司 T 形车保持的生产纪录，成为历史上最富有传奇色彩的、最为成功的车形之一。

1972 年 8 月，编号为"VW 1303"的装载 40 ～ 50 马力发动机的甲壳虫取代了原有的"VW 1302"，成为主流车形。

1974 年 6 月 1 日上午 11 点 19 分，位于沃尔夫斯堡的大众汽车本厂停止生产甲壳虫。8 月，宣布停产 VW 1303 A。1975 年 7 月，VW 1303 也停产了。

1978 年 1 月 19 日，德国本土生产的最后 1 辆甲壳虫汽车在 Emden（埃姆登）下线。到此为止，德国本土共生产了 16255500 辆甲壳虫。但是，大众汽车海外的工厂产量正在迅速崛起。

1981 年 5 月 15 日，第 2000 万辆甲壳虫汽车在大众汽车公司位于墨西哥的 Peubla 工厂下线（图 1-14）。这是汽车工业史上的一个奇迹，同时也标志着一个新世界纪录的诞生。为了庆祝这一伟大成就，大众汽车公司推出了"SilverBug"珍藏版甲壳虫（图 1-15），以此献给那些忠心的追随者们。

甲壳虫汽车不仅使德国经济复苏，被称为"甲壳虫是德国经济的活化石"，甚至被当作了历史遗产并作为"英雄"、"平凡而伟大的母亲"，进而形成了甲壳虫文化。这种流线型车身运用了流体力学原理减小了汽车行驶中的空气阻力，同时，甲壳虫仿生形态的奇异性丰富了汽车造型设计的形式语言，让冷冰冰的工业产品赋予了生命的象征，而富有生趣的有机形态，让设计回归自然与人类的精神需求达成了共识。

但是，甲壳虫形汽车与厢形汽车相比，内部空间明显变得狭小，特别是后排乘员，头顶上几乎没有空

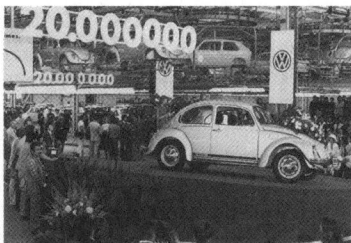

图 1-13　甲壳虫汽车　　　　图 1-14　第 2000 万辆甲壳虫汽车下线　图 1-15　大众 "SilverBug" 甲壳虫

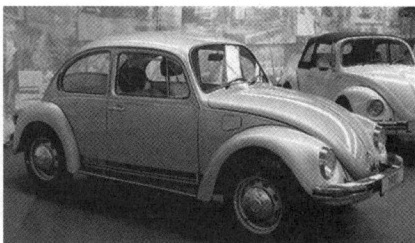

间，有一种压迫感。另外甲壳虫形汽车宽大的轮罩面临横向风具有行驶不稳定性，高速行驶时，会受到升力的作用漂浮起来，使方向盘发飘，也即前轮与地面的摩擦力减小，车身前部易随风偏离原来的行驶路线。到 20 世纪 40 年代后半期，甲壳虫形汽车的全盛时期基本结束。

3. 船形汽车（ship body）

第二次世界大战结束后，福特公司于 1949 年推出了福特 V8 汽车（图 1-16），改变了以往汽车造型模式，前方为发动机舱，中间为驾驶舱，后部为行李舱，这样车形非常接近于船的造型，所以被称为船形汽车。船形汽车克服了甲壳虫形汽车对横向风的行驶不稳定性，发动机前置使得汽车重心前移，后置行李舱使得风压中心位于汽车重心之后，完美地融合了艺术上的美感及空气动力学特性，这一造型一直延续至今，成为世界上数量最多的一款车形。

船形车前翼子板与发动机罩连接形成一体，后冀子板与行李舱也形成一体，车身形成一个完整的平滑的面，减小了侧面的风向阻力。船形汽车的成功在于它首先将人体工程学的理论引入到汽车的整体设计上，使得汽车的操纵性和乘坐舒适性都大大提高，性能上也优于甲壳虫形汽车。20 世纪 50 年代是船形车盛行的年代，并且受到美国探索外太空的元素影响，各种改装造型的船形车层出不穷，也算是一个时代的特色。

1959 年美国通用汽车公司生产的旁蒂克·博纳维尔·维斯达牌小客车（图 1-17）为增加形式上的美感，在车后设有垂直尾翼。上海生产的最早的轿车 SH760 的车身也是采用船形车身（图 1-18），于 1965 年通过技术鉴定，至 1991 年共生产了 77054 辆，成为我国公务用车和出租车的主要车形。常见的奥迪 100C 型轿车，也是船形车身汽车，其风阻系数只有 0.30。

图 1-16　福特 V8 型汽车　　　图 1-17　旁蒂克·博纳维尔·维斯达　图 1-18　上海"牌轿车
　　　　　　　　　　　　　　　　　　牌汽车

4. 鱼形汽车（fish body）

船形汽车尾部过分向后伸出，形成阶梯状，在高速行驶时会产生较强的涡流，为了克服这一缺点，人们把船形车的后窗玻璃逐渐倾斜，倾斜的极限即成为斜背式。由于这个背部很像鱼的背脊，所以这类车称为"鱼形汽车"（图 1-19）。20 世纪 40 年代美国通用汽车公司师厄尔为小汽车的设计加上了尾鳍，并曾流行一时，然而这种纯粹的装饰、夸张的造型与功能并无多大关系，装饰性细部处理违背了现代主义的设计原则，很快地就销声匿迹了。

鱼形汽车背部形状与甲壳虫形汽车有着细微的区别，其背部与地面的夹角较小，较长的尾部使得车身气流较为平顺，涡流阻力也相对较小。但鱼形汽车存在着一些致命的弱点：一是由于鱼形车的后窗玻璃倾斜得过于厉害，致使玻璃的表面积增大了一至两倍，强度有所下降，产生了结构上的缺陷；二是当汽车高速行驶时汽车的升力较大。

鉴于鱼形汽车的缺点，设计师在鱼形汽车的尾部安上了一个上翘的"鸭尾巴"以此来克服一部分空气的升力，形成了"鱼形鸭尾式"车形。因为这种造型是卡姆教授发现的，所以又被称为卡姆尾，保时捷911卡雷拉RS就是这种鱼形鸭尾车身最典型的一款车形（图1-20）。

5. 楔形汽车（wedge body）

为了从根本上解决鱼形汽车的升力问题，科学家们设想了种种方案，将车身整体向前下方倾斜，车身后部像刀切一样平直，最后终于找到了一种楔形造型，这种楔形造型有效地克服了汽车行驶过程中的升力问题（图1-21）。这种汽车外形清爽利落，简洁大方，具有现代气息，给人以美的享受。

1963年S·阿本提最早设计了楔形汽车，然而脱离了人们当时对船形车的热爱而败走麦城。但是楔形车的实用性能获得了设计界的广泛关注，并为众多的设计师所采用。

楔形车身又分为直背式和掀背式两种。①直背式，又称溜背式、快背式、斜背式，指轿车车身背部的形状是倾斜下降的，它的背部产生的涡流最小，可大大减少空气阻力。②掀背式，指轿车车身的后部有一个可以掀开的后门，一般两厢式轿车大都是掀背式。

1991年法拉利512车身采用了楔形造型（图1-22），整体车身像刀切一样平直，引擎箱及车顶均稍微向前倾斜，从车头到车尾细微的楔形变化增加了气流通畅，前方视野开阔，尾部有足够的车厢及行李箱的空间，然而乘坐的舒适性相对欠缺。

随着经济技术的发展以及人们审美意识的提高，汽车造型向着子弹头形亦或称为"蛋形造型"发展。这种造型线条流畅，有利于减小风阻提高车速，并且造型上具有鲜明的时代气息和时尚感，倍受消费者青睐，

图1-19　鱼形汽车

图1-20　保时捷911卡雷拉RS鱼形鸭尾车身

图1-21　前低后高的楔形车身

图1-22　法拉利512

迅速风靡世界各国。

随着人类文明和科学技术的发展，汽车仍然是人们出行的主要交通工具。各大汽车生产公司对汽车的造型设计更为多样化、个性化，富有特色。经过 100 多年的发展，汽车作为新时代工业文化的宠儿，其形态的可变性与多样性受到工程结构、科学、材料等诸多方面的限制，但人类在汽车设计中的功能形态、符号形态、色彩形态等方面抒发了淋漓尽致的艺术畅想。形态万千的汽车设计以其独特的造型语言承载着强烈的时代特征、丰富的文化内涵及其价值理念。

1. 汽车设计中的功能形态变迁

汽车作为人类的代步工具，是人类腿部功能的延伸，可以加快行驶速度，降低疲劳，然而这并不是人类汽车设计的最终目标，汽车的出现彻底改变了人类的行为方式与生活方式，加快了人类工业化的进程。功能要素是汽车正常行驶的基本要素，包括物质功能及精神功能两个方面。汽车作为一种科学技术发展及物质文明进步的载体，要满足人们日益增长的物质功能与精神功能方面的需求：在使用中满足代步行驶的必要功能，操作上使人感到安全、便捷、舒适；在汽车的形态设计上使人产生心理愉悦感，同时在设计中满足人们多样化、个性化的情感诉求，体现社会、时代、文化、民俗、宗教、美学等不同的精神内涵。

汽车设计中的功能形态与结构、材料有着密切相关的联系：产品的功能主要由结构所决定，同一种功能可以采用不同的结构，如汽车的机械传动有前置前驱—FR（即发动机前置、后轮驱动）、后置后驱—RR（即发动机后置、后轮驱动）、前置前驱—FF（发动机前置、前轮驱动）三种结构；结构是功能的物质载体，同一种结构可以有多种功能，如泵的结构与风扇的结构相似，功能却不相同；材料是设计师完成功能需求表现意念的手段，不同材料所表现出的形态各异。

结构的层次性是指采用树状结构形式、层层叠加的系统性方式来使零件组合与构成，在整体——局部——细部之间形成一定的层次性，如汽车的总体构造分为发动机、底盘、车身、电气设备等几个层次，车身分为骨架、支柱、拱形梁、加固件等。结构的有序性是指产品各个结构之间的组合与联系具有一定的秩序性，在一定的目的及功能要求下，生产和使用过程中的各种技术因素与材料具有一定的合目的性与和合规律性，如进行零件设计时，首先要考虑这个零件在整个部件中的作用和要求；其次，为了满足这个要求，零件应选用什么材料和设计成什么形状；最后考虑零件如何与部件中其他零件相互配合和安装，这一系列的程序具有一定的秩序性。结构的稳定性是汽车正常功能行驶的基础，是汽车动力性、制动性、操纵稳定性、平顺性及舒适性等各项性能指标安全的保证，稳定性的消失将使产品从有序转为无序、从平衡态转为失衡态，最终导致产品寿命的终结。

随着科学技术的发展和各种新工艺的出现，使得新材料的开发与运用层出不穷，大大扩展了汽车设计的材料领域。各种新材料的涌现，如合成新材料、复合材料、陶瓷材料、特殊功能材料等都将逐步取代目前钢铁、木材等常用材料，对材料在各种温度和介质条件下的强度等性能也要求更稳定、更可靠和更精确。如用碳纤维制成的汽车弹簧、碳纤维增强塑料制成的车身等，重量轻，刚性好，经久耐用，由此必将改变汽车功能形态。

2. 汽车设计中的符号形态变化

产品非结构形态的外部特征在设计中有较大的独立性，称为符号形态或是装饰形态。每一个物质对象，当它在交际过程中，"达到了传达关于实在即关于客观世界或交际过程的任何一方的感情的、美感的、意志的等内在体验这个目的"时，它就成为一个符号。简言之，所有能够以形象（包括形、声、色、味、嗅等）表达思想和概念的物质实在都是符号。符号形态作为产品本身的一种造型语言和观念性的表象，具有易记忆性、易识别性，同时也具有象征性与隐喻性。

自汽车问世以来，汽车造型设计中的符号形态发生着一系列的演变：早期的类似于马车造型的厢式汽车；为减小行驶过程中空气阻力的流线型汽车；采用仿生造型的甲壳虫汽车及鱼形汽车；后期造型简洁、动感十足的楔形汽车；以及现代的在形式上追求尽善尽美、美观造型与流体力学完美统一的子弹头形汽车等。纵观汽车造型的发展史，人们可以在符号形态的表象下得出人们的审美观及欣赏能力的不断提高。同时，人们可以从汽车造型、色彩、肌理等视觉要素，提炼出文化内涵、特定社会的时代感和价值取向。正如法国著名符号学家皮埃尔·杰罗所说"在很多情况下，人们并不是购买具体的物品，而是在寻求潮流、青春和成功的象征"。例如 20 世纪 40 年代以仿生学为切入点的甲壳虫车辆风靡一时，以一种车形累计生产超过二千万辆的纪录而著称于世，这种甲壳虫仿生形态的奇异性丰富了汽车造型设计的形式语言，让冷冰冰的工业产品赋予了生命的象征，而富有生趣的有机形态，让设计回归自然与人类的精神需求达到了共鸣。

汽车工业经过 100 多年的发展，汽车的形态被承载了物质文明进步及精神文明发展的内涵，成了信息综合体的符号，体现了时代性、民族性、地域性的特征。总体来说，新时代的汽车形态设计形成了一定的特点：美国的汽车设计因充足的能源供应、地域的广阔而呈现宽敞、豪华、舒适的特点；德国的汽车设计受包豪斯设计、联邦德国的技术分析风格的影响而呈现出生产标准化、设计多样化的特点，做工严谨、刻板、保守；意大利的汽车设计受民族热情奔放性格特点的影响以洒脱、具有艺术性而闻名；日本的汽车设计因注重能源的因素向小型车、轻型车的方向发展，具有活泼、善变、创新的特点；韩国的汽车设计集欧、美汽车于一体，借鉴日本车风格，既洒脱又稳重，并且具有飘逸感。随着全球经济一体化的到来，汽车设计中的符号形态必将形成优势互补，达到资源的整合。

3. 汽车设计中的色彩形态变化

色彩形态是产品的色彩外观，集色相、明度和纯度的表现于一体，不仅具备审美性和装饰性，而且还具备符号意义和象征意义。在人们认知世界的过程中，有 80%～90% 的信息是通过视知觉系统获得的，而色彩知觉是人类区别于无颜色知觉的动物的一个重要知觉体系。异彩纷呈、多姿多彩的色彩形态对人的视觉产生强烈的生理刺激，进而作用于大脑产生一系列的心理反应。中外设计师借助色彩的魅力赋予产品以生命力，利用先声夺人的视觉冲击力给人心灵以震撼。汽车色彩设计中往往利用色彩的联想达到无声的心理暗示，甚至形成了约定俗成的象征意义：消防车多用红色给人以紧张感与兴奋感；军用车多用绿色便于在树林中隐蔽同时体现希望与和平；救护车与卫生车多用白色给人以冷静、纯洁、清洁感；政府官方用车多用黑色给人以稳重、严肃感等。

在琳琅满目、色彩缤纷的汽车销售市场中，人们对汽车的定位与购买决策不仅包括使用者的兴趣、爱好、价值取向等因素，还包括人们对时尚感的追求。20 世纪 50 年代汽车的色彩以纯度较高的红、黄、蓝、黑等为主基调；20 世纪 70 年代色彩趋向于丰富多变的红、白、蓝、银灰、驼灰色等；现代主要以突出动感的三种以上的颜色组合。随着时代的飞速发展，色彩作为时尚符号，其应用已经成为众多企业与品牌的核心竞争力之一，色彩营销战略也已被越来越多的企业和商家认知，在经营中切身感受到了色彩具有低成本、高附加值的生产力价值。Honda Civic 车形有塔夫绸白、雪花银、夜鹰黑、中子蓝、水纹银、拉力红六种颜色，反映了消费者对色彩的个性化、多元化、人性化的需求，从 1972 年第一代面市以来，已在世界上超过 160 个国家和地区销售，累计销售超过 1600 万辆，时尚的车流让都市的长街变成流动的彩虹，全球化的设计需求使汽车的色彩摆脱国家和地域的束缚无限的延展和创新。阿尔法 · 罗密欧 Giulia 车形（图 1-23），优雅的流线造型、热烈的红色车身，融合了时代的变化，引领着时尚的步伐，相信每个观者无不在这红色的时尚漩涡中沉沦。时尚感要求设计师超越汽车开发周期长的局限，能够超前预测未来的色彩趋势，具有设计前瞻性，能够引领色彩时尚。

图 1-23　阿尔法 · 罗密欧 Giulia

4. 汽车设计中的技术应用变化

新的制造技术将助力汽车产业的发展，现有 3D 打印技术的发展加快了原型车制造零部件的生产，并提升生产原型车的速度，降低了生产制造成本，甚至可以打印出同一零部件的不同样式，供工程师进行测试，并将这一流程由数月缩短至几天。例如，福特工程师们正在打造集合高柔性、独创性于一身的专利技术，以快速成型制造小批量产品所需的金属板材，该技术被称作"福特自由曲面加工技术"（Ford Freeform Fabrication Technology，简称"F3T"技术），它将由以往生产原型车需要 2 至 6 个月缩短至不到 3 个工作日。

在生产制造过程中，利用工业机器人技术提升产品质量和制造效率，通过数字化车辆模型，检测生产线上每台车辆喷漆和车身表面的瑕疵（图 1-24）。这项技术不仅使得车辆表面品质得到了显著提升，也让生产线操作人员在应对复杂问题时更加从容。利用这些机器人智能技术，可以为消费者提供品质更为优良的产品，也让员工有时间把注意力转移到其他更为复杂的生产问题上。如福特由电脑模拟出的生产流程进行研究分析，不仅大大提升了生产效率，还节省时间。该系统可以模拟流水线工人的操作流程，以确保工作环境符合福特在人体工程学方面的要求。自 2001 年该系统启用以来，福特员工因工作疲劳所造成的健康问题减少了 20%。

图 1-24　工业机器人

在新时代汽车设计中的形态不会一成不变、墨守成规，科学与艺术的整合、人们精神需求的日益高涨将使新生代的设计师不断探求新的形态。这必将导致汽车的形态研究将随着人类的生生不息在收获与探索、创造与传承中循环与发展。随着时代的滚动而不断创新，功能形态、符号形态、色彩形态等方面的研究使汽车的形态研究有着全面立体的内涵，未来的形态设计将向个性化、多元化、全球化的方向发展。

2

汽车设计加快了人类行进的速度，是人类腿部功能的延伸。汽车的结构是实现其运行功能的基础，不同种类的汽车，其结构与造型都有很大的差别。"汽车"（automobile）英文原意为"自动车"，在日本也称"自动车"（日本汉字中的汽车则是指我们所说的火车），其他文种也多是"自动车"，唯有我国例外。

我国汽车是指有自身装备的动力装置驱动，一般具有四个或四个以上车轮，不依靠轨道或架线而在陆地行驶的车辆。汽车通常被用作载运客货和牵引客货挂车，也有为完成特定运输任务或作业任务而将其改装或经装配了专用设备成为专用车辆，但不包括专供农业使用的机械。全挂车和半挂车并无自带动力装置，他们与牵引汽车组成汽车列车时才属于汽车范畴。有些进行特种作业的轮式机械以及农田作业用的轮式拖拉机等，在少数国家被列入专用汽车，而在我国则分别被列入工程机械和农用机械之中。

按照国家最新标准 GB/T 3730.1—2001 对汽车的定义：由动力驱动，具有四个或四个以上车轮的非轨道承载的车辆，主要用于载运人员和（或）货物；牵引载运人员和（或）货物的车辆；以及其他特殊用途。此外还包括与电力线相连的车辆，如无轨电车；整车整备质量超过 400kg 的三轮车辆。

美国汽车工程师学会标准 SAEJ 687C 中对汽车的定义是：由本身动力驱动，装有驾驶装置，能在固定轨道以外的道路或地域上运送客货或牵引车辆的车辆。

日本工业标准 JISK 0101 中对汽车的定义是：自身装有发动机和操纵装置，不依靠固定轨道和架线能在陆上行驶的车辆。

目前我国汽车分类方法很多甚至分类标准比较混乱，汽车生产销售市场上没有统一的车形分类标准，就连国家各管理部门中，对于汽车的分类也不能做到整齐划一。

2.1 汽车的分类

2.1.1 国家 GB/T3730.1-88 标准

在 1988 年制订的 GB/T3730.1-88 标准中，汽车被分为三大类，即载货汽车、客车和轿车，各类按照不同的划分标准进行了细分类，具体分为：

1. 轿车按照发动机排量划分为 5 类

轿车发动机的总排量作为区分轿车级别的标志，国内外一些型号的轿车，后围板或冀子板上标有 1.8 或 2.0 或 2.8 等符号，就是轿车发动机总排量的标志。发动机总排量是指发动机全部汽缸的工作容积之和，单位是升。

我国轿车就是以发动机排量作为分类方法，分为微型轿车（$L \leqslant 1.0$ 升）、普通型轿车（$1.0<L \leqslant 1.6$ 升）、中级轿车（$1.6<L \leqslant 2.5$ 升）、中高级轿车（$2.5<L \leqslant 4.0$ 升）、高级轿车（$L>4.0$ 升）（表2-1）。

世界一些国家的轿车也都是以轿车发动机的排量来划分级别。

一般来说，排量越大的轿车，功率越大，其加速性能也越好，车内的内装饰也可以搞得越高级，其档次划分也就越高。如英国的劳斯莱斯轿车，排量就达到9.8升。

2. 客车按照长度划分为4类

排量定级别有时也有误，用轴距加车的长、宽来分类也是一个方法，分为微型客车（不超过3.5m）、小型客车（3.5～7.0m）、中型客车（7.0～10.0m）和大型客车（10.0m以上）。

3. 载货汽车按照承载重量划分4类

载货汽车按照承载重量分为微型货车（1.8吨以下）、轻型货车（1.8～6吨）、中型货车（6～14吨）、重型货车（14吨以上）。

2.1.2 国家GB/T3730.1-2001标准

而在GB/T3730.1-2001和GB/T15089-2001两个国家标准中，分类方法与国际较为通行的称谓一致，分为乘用车和商用车两大类，由于各国在车形细分上没有统一的标准，因此对于乘用车和商用车之下的细分类是按照我国自身的特点进行划分的（图2-1）。

表2-1 发动机排量分类

类型	发动机排量(L)	车型
微型	$L \leq 1.0$升	奇瑞QQ 大众up
微型	$1.0 < L \leq 1.6$升	卡罗拉 铃木雨燕
中级	$1.6 < L \leq 2.5$升	别克君越 Jeep国产自由光
中高级	$2.5 < L \leq 4$升	红旗 丰田普拉多
高级	$L > 4$升	法拉利 兰博基尼

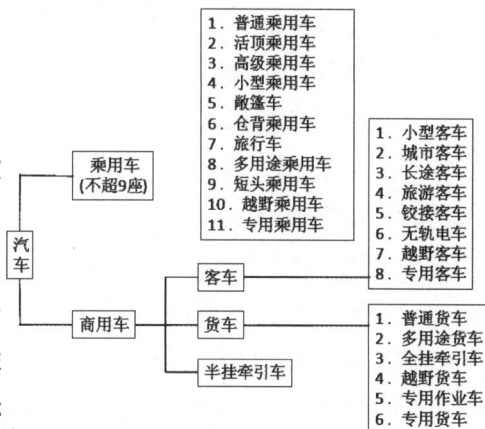

图2-1 汽车分类方法

乘用车（不超9座）
1. 普通乘用车
2. 活顶乘用车
3. 高级乘用车
4. 小型乘用车
5. 敞篷车
6. 仓背乘用车
7. 旅行车
8. 多用途乘用车
9. 短头乘用车
10. 越野乘用车
11. 专用乘用车

客车
1. 小型客车
2. 城市客车
3. 长途客车
4. 旅游客车
5. 铰接客车
6. 无轨电车
7. 越野客车
8. 专用客车

货车
1. 普通货车
2. 多用途货车
3. 全挂牵引车
4. 越野货车
5. 专用作业车
6. 专用货车

半挂牵引车

1. 乘用车 (Passenger car)

在其设计和技术特征上主要用于载运乘客及其随身行李和/或临时物品的汽车，包括驾驶员座位在内最多不超过9个座位，也可以牵引一辆挂车。

乘用车下设11种类型，分别是普通乘用车、活顶乘用车、高级乘用车、小型乘用车、敞篷车、仓背乘用车、旅行车、多用途乘用车、短头乘用车、越野乘用车、专用乘用车11类。

（1）普通乘用车（Saloon,Sedan）

①车身为封闭式，侧窗中有柱或无。

②车顶（顶盖）为固定式，硬性顶。有的顶盖一部分可以开启。

③4个或4个以上座位，至少两排。后座椅可折叠或移动，以形成装载空间。

④2个车门或4个侧门，可有一后开启门。

（2）活顶乘用车 (Convertible saloon)（图2-2）

①车身为具有固定侧围框架的可开启式。

②车顶（顶盖）为硬顶或软顶，至少有两个位置：封闭、开启或拆除。

③可开启式车身可以通过使用一个或数个硬顶部件和/

图2-2 牧马人 2015款 Sahara

或合拢软顶将开启的车身关闭。

④4个座位或4个以上，至少两排。

⑤2个车门或4个侧门。

⑥4个车窗或4个以上侧窗。

（3）高级乘用车 (Pullman saloon)

①车身为封闭式，前后座之间可设有隔板。

②车顶（顶盖）固定式，硬顶。有的顶盖一部分可以开启。

③4个座位或4个以上，至少两排。后排座椅前可安装折叠式座椅。

④4个车门或6个侧门，也可有一个后开启门。

⑤6个车窗或6个以上侧窗。

（4）小型乘用车 (Couple)

①车身为封闭式，通常后部空间较小。

②车顶（顶盖）固定式，硬顶；有的顶盖一部分可以开启。

③2个座位或2个以上，至少一排。

④2个车门侧门，也可有一个后开启门。

⑤2个车窗或2个以上侧窗。

（5）敞篷车 (Convertible,Open tourer)（图2-3）

①车身为可开启式。

②车顶（顶盖）可为软顶或硬顶，至少有两个位置；第一个位置遮覆车身；第二个位置车顶卷收或可拆除。

③2个座位或2个以上，至少一排。

④2个车门或2个以上侧窗。

（6）仓背乘用车 (Hatchback)（图2-4）

①车身为封闭式，侧窗中柱可有可无。

②车顶（顶盖）固定式，硬顶。有的顶盖一部分可以开启。

③4个座位或4个以上，至少两排。后座椅可折叠或移动，以形成装载空间。

④2个车门或4个侧门，车身后部有一仓门。

（7）旅行车 (Station wagon)

①车身为封闭式，车尾外形按可提供较大的内部空间设计。

②车顶（顶盖）固定式，硬顶；有的顶盖一部分可以开启。

③4个座位或4个以上，至少两排。座椅的一排或多排可拆除，或装有向前翻倒的座椅靠背，以提供装载平台。

④2个车门或4个侧门，并有一后开启门。

⑤4个车窗或4个以上侧窗。

（8）多用途乘用车 (Multi-purpose passenger car)

图2-3　奔驰E级敞篷车

图2-4　仓背乘用车

上述 7 种车辆以外的，只有单一车室载运乘客及其行李或物品的乘用车。但是，如果车辆同时具有两个功能，则不属于乘用车而属于货车。

（9）短头乘用车 (Forward control passenger car)（图2-5）

图 2-5 短头乘用车

一种乘用车，它一半以上的发动机长度位于车辆前风窗玻璃最前点以后，并且方向盘的中心位于车总长的前四分之一部分内。

（10）越野乘用车 (Off-road passenger car)

在其设计上所有车轮同时驱动（包括一个驱动轴可以脱开的车辆），或其几何特性（接地角、离去角、纵向通过角、最小离地间隙）、技术特性（驱动轴数、差速锁止机构或其他形式机构）和它的性能（爬坡度）允许在非道路上行驶的一种乘用车。

（11）专用乘用车 (Special purpose passenger car)

运载乘员或物品并完成特定功能的乘用车，它具备完全特定功能所需的特殊车和/或装备。例如：旅居车、防弹车、救护车、殡仪车等。

2. 商用车 (Commercial vehicle)

在设计和技术特征上用于运送人员和货物的汽车，并且可以牵引挂车。乘用车不包括在内。相对旧分类，商用车包含了所有的载货汽车和 9 座以上的客车。商用车分为客车、货车和半挂牵引车。

（1）客车

客车分为小型客车、城市客车、长途客车、旅游客车、铰接客车、无轨电车、越野客车、专用客车。

（2）货车

货车分为普通货车、多用途货车、全挂牵引车、越野货车、专用作业车、专用货车。

（3）半挂牵引车

前面有驱动能力的车头叫牵引车，后面没有牵引驱动能力的车叫挂车，挂车是被牵引车拖着走的（图2-6）。

图 2-6 仓栅式半挂车

牵引车和挂车的连接方式有两种：第一种是挂车的前面一半搭在牵引车后段上面的牵引鞍座上，牵引车后面的桥承受挂车的一部分重量，这就是半挂；第二种是挂车的前端连在牵引车的后端，牵引车只提供向前的拉力，拖着挂车走，但不承受挂车向下的重量，这就是全挂。

按规定，这份国标是汽车行业的"通用性分类"，适用于一般概念、统计、牌照、保险、政府政策和管理的依据。

2.1.3 中国汽车工业协会分类方法

中国汽车工业协会目前采用的车形分类分为乘用车和商用车两大类：

1. 乘用车

乘用车分为基本型乘用车、多功能乘用车 (MPV)、运动型乘用车 (SUV) 和交叉型乘用车（俗称面包车）。

2. 商用车

商用车分为客车、货车、半挂牵引车、客车非完整车辆和货车非完整车辆。

（1）客车非完整车辆主要是指用于改装的客车底盘或三类底盘（可以行驶的底盘）。如房车公司买辆没有内装饰的客车，回去制作成豪华房车或客车；公司买底盘回去扣车身制作成大客车，这些情况就是客车非完整车辆（图2-7）。

图 2-7　客车非完整车辆

（2）货车非完整车辆是指货车专用底盘。一般汽车改装厂里常见，根据客户需求，可以改装成加（运）油车、洒水车、吸粪车、垃圾车、随车吊、散装水泥粉粒物料车、厢式车、自卸车、半挂车等多个系列的产品（图2-8）。

在税收方面，新国标也逐渐成为通用的标准。财政部和国家税务总局去年将消费税进行调整时，将小汽车分为了乘用车和中轻型商用客车两个子目，但具体分类仍然使用了排量的细分方法。其中，对乘用车（包括越野车）适用了六挡税率，即 $L \leq 1.5$ 升、$1.5 < L \leq 2.0$ 升、$2.0 < L \leq 2.5$ 升、$2.5 < L \leq 3.0$ 升、$3.0 < L \leq 4.0$ 升和 $L > 4.0$ 升。

图 2-8　货车非完整车辆

由于历史沿袭的问题，很多管理部门的车形分类依然延续了老的汽车分类方法。例如，公安交管部门进行机动车登记时，按照《机动车登记工作规范》，将汽车分为载客汽车、载货汽车、三轮汽车和低速汽车。

交通部在征收养路费时，根据《养路费征收管理办法》，按照车辆吨位大小进行收费。以北京为例，养路费按载重量计算，家用轿车1个座位为0.1吨，载重量一般按0.5吨计算。而在收取收费公路车辆通行费时，交通部又以客车座位和货车吨位进行分类，收取费用。

2.2　汽车的内部构造

汽车的内部结构非常复杂，维持汽车的正常运作需要涉及机械、电子、传动、液压、力、热等方面的学科。总体来说，汽车一般由发动机、底盘、车身和电气设备等四个基本部分组成。

2.2.1　汽车发动机

1. 汽车发动机分类

汽车发动机是汽车的动力源，是汽车的心脏，直接关系到汽车的动力性、经济可行性和环保节能性。发动机（Engine）又称为引擎，是一种能够把一种形式的能转化为另一种更有用的能的机器，通常是把化学能转化为机械能。发动机按照不同的特性有很多种分类方法（表2-2）。

（1）按燃料分，可分为柴油机、汽油机和天然气机等。

（2）按实现循环的行程数分，有以下几种。

1）二冲程发动机：活塞移动两个行程或曲轴转一圈气缸内完成一个工作循环。

2）四冲程发动机：活塞移动四个行程或曲轴转两圈气缸内完成一个工作循环（图2-9）。

（3）按冷却方式分，有以下几种。

1）水冷式发动机：以水为冷却介质。

2）风冷式发动机：以空气作为冷却介质（适合缺水地区使用，如沙漠国家）。

（4）按点火方式分，有以下几种。

1）压燃式发动机：利用气缸内空气被压缩后产生的高温，使燃油自燃，如柴油机。

2）点燃式发动机：利用火花塞发出的电火花强制点燃燃料，使燃料强行着火燃烧，如汽油机、煤气机。

（5）按可燃混合气形成的方法分，有以下几种。

1）外部形成混合气的发动机：燃料和空气在外先混合然后进入气缸，如使用化油器的汽油机。

2）内部形成混合气的内燃机：燃料在临近压缩终了时才喷入气缸，在气缸内与空气混合，如柴油机。

（6）按进气方式分，有以下几种。

1）自然吸气式发动机：空气靠活塞的抽吸作用进入气缸内。

2）增压式发动机：为增大功率，在发动机上装有增压器，使进入气缸的气体预先经过压气机压缩后再进入气缸。

（7）按气缸数目分，有以下几种。

1）单缸发动机：只有一个气缸，是发动机的基本形式。

2）多缸发动机：按气缸的排列形式又可分为，有以下几种。

①直列立式发动机：所有气缸中心线在同一垂直平面内。

②直列卧式发动机：所有气缸中心线在同一水平平面内。

③V形发动机：气缸中心线分别在两个平面内，且两平面相交呈V形。

④对置式发动机：V形夹角为180°时又称为对置式。

⑤其他：还有H形、X形、星形等，但在车辆上应用很少。

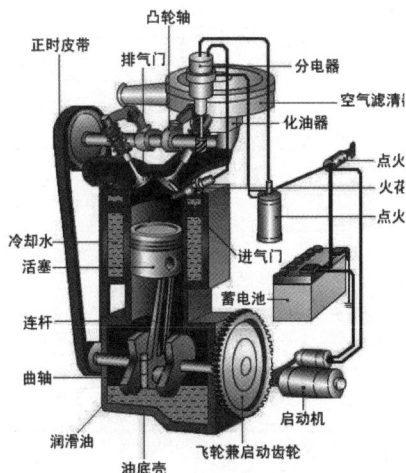

图2-9 四冲程汽油发动机示意图

表2-2 汽车发动机分类方法

序号	汽车发动机分类方法		
1	按燃料分	柴油机	燃烧柴油来获取能量释放的发动机
		汽油机	汽油作为燃料，将内能转化成动能的发动机
		天然气机	以天然气等高热值气体为燃料的点火式气体机
2	按实现循环的行程数分	二冲程发动机	活塞移动两个行程或曲轴转一圈气缸内完成一个工作循环
			活塞移动四个行程或曲轴转两圈气缸内完成一个工作循环
3	按冷却方式分	水冷式发动机	水为冷却介质
		风冷式发动机	空气为冷却介质

4	按点火方式分	压燃式发动机	气缸内空气被压缩后产生高温使燃油自燃
		点燃式发动机	利用火花塞发出的电火花强制点燃燃料，使燃料强行着火燃烧
5	按可燃混合气形成的方法分	外部形成混合气的发动机	燃料和空气在外先混合然后进入气缸
		内部形成混合气的内燃机	燃料在临近压缩终了时才喷入气缸，在气缸内与空气混合
6	按进气方式分	自然吸气式发动机	空气靠活塞的抽吸作用进入气缸内
		增压式发动机	进入气缸气体预先经过压气机压缩再进入气缸
7	按气缸数目分	单缸发动机	只有一个气缸
		多缸发动机	直列立式发动机、直列卧式发动机、V形发动机、对置式发动机、H形、X形、星形等

2. 汽车发动机结构

发动机由两大机构五大系组成。

两大机构：曲柄连杆机构、配气机构。（图2-10）

五大系：燃料供给系、冷却系、润滑系、点火系、起动系。

（1）两大机构

①曲柄连杆机构

曲柄连杆机构是发动机实现工作循环，完成能量转换的主要运动零件。它由机体组、活塞连杆组和曲轴飞轮组等组成。

②配气机构

配气机构根据发动机的工作顺序和工作过程，定时开启和关闭进气门和排气门，使可燃混合气或空气进入气缸，并使废气从气缸内排出，实现换气过程。进、排气门的开闭由凸轮轴控制。凸轮轴由曲轴通过齿形带或齿轮或链条驱动。进、排气门和凸轮轴以及其他一些零件共同组成配气机构（图2-11）。

（2）五大系

①燃料供给系

汽油机燃料供给系的任务是根据发动机各种不同工况的要求，配制出一定数量和浓度的可燃混合气，供入气缸，使之在临近压缩终了时点火燃烧而膨胀做功。最后，供给系统还应将燃烧产物——废气排入大气中。

燃油供给系统由燃油泵、燃油滤清器、燃油压力调节器、喷油器、冷起动喷油器、油压脉冲衰减器等组成（图2-12）。

②冷却系

汽车冷却系的功用是将受热零件吸收的部分热量及时散发出去，保证发动机在最适宜的温度状态下工作。

发动机的冷却系有风冷和水冷之分。以空气为冷却介质的冷却系成为风冷系；以冷却液为冷却介质的称水冷系。一般由水箱、水泵、散热器、风扇、节温器、水温表

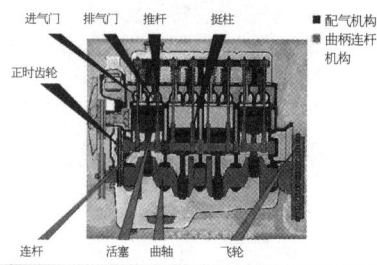

图2-10　配气机构和曲柄连杆机构

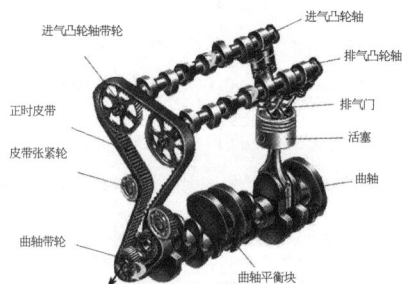

图2-11　配气机构示意图

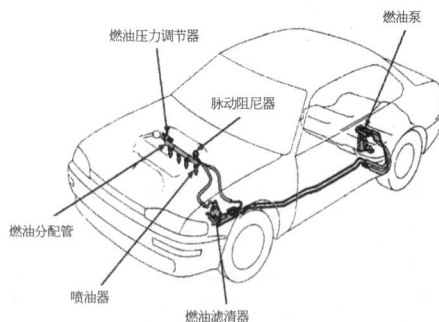

图2-12　燃料供给系

和放水开关组成。一般汽车发动机多采用水冷却（图2-13）。

③润滑系

润滑系统是指向润滑部位供给润滑剂的一系列的给油脂、排油脂及其附属装置的总称。其作用为实现液体摩擦，减小摩擦阻力，减轻机件的磨损，并对零件表面进行清洗和冷却。发动机润滑系由机油泵、集滤器、机油滤清器、油道、限压阀、机油表、感压塞及油尺等组成。

④点火系

在汽油机中，气缸内的可燃混合气是靠电火花点燃的，为此在汽油机的气缸盖上装有火花塞，火花塞头部伸入燃烧室内。能够按时在火花塞电极间产生电火花的全部设备称为点火系，通常由蓄电池、发电机、分电器、点火线圈和火花塞等组成（图2-14）。

火花塞有一个中心电极和一个侧电极，两电极之间是绝缘的。当在火花塞两电极间加上直流电压并且电压升高到一定值时，火花塞两电极之间的间隙就会被击穿而产生电火花，能够在火花塞两电极间产生电火花所需要的最低电压称为击穿电压；能够在火花塞两电极间产生电火花的全部设备称为发动机点火系。

⑤起动系

要使发动机由静止状态过渡到工作状态，必须先用外力转动发动机的曲轴，使活塞做往复运动，气缸内的可燃混合气燃烧膨胀做功，推动活塞向下运动使曲轴旋转，发动机才能自行运转，工作循环才能自动进行。因此，曲轴在外力作用下开始转动到发动机开始自动地怠速运转的全过程，称为发动机的起动。完成起动过程所需的装置，称为发动机的起动系（图2-15）。

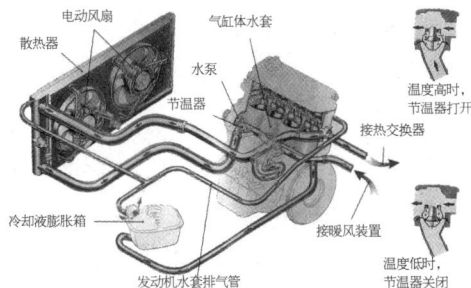
图 2-13　发动机冷却系统示意图

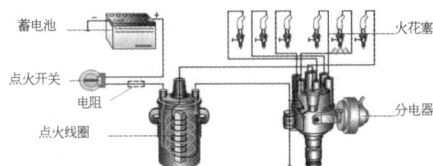
图 2-14　点火系统

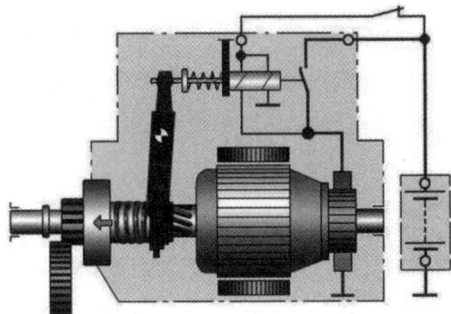
图 2-15　起动系统

3. 汽车发动机工作原理

汽油机是将空气与汽油以一定的比例混合成良好的混合气，在吸气冲程被吸入汽缸，混合气经压缩点火燃烧而产生热能，高温高压的气体作用于活塞顶部，推动活塞做往复直线运动，通过连杆、曲轴飞轮机构对外输出机械能。四冲程汽油机在进气冲程、压缩冲程、做功冲程和排气冲程内完成一个工作循环。

（1）进气冲程

此时，活塞被曲轴带动由上止点向下止点移动，同时，进气门开启，排气门关闭。当活塞由上止点向下止点移动时，活塞上方的容积增大，气缸内的气体压力下降，形成一定的真空度。由于进气门开启，气缸与进气管相通，混合气被吸入气缸。当活塞移动到下止点时，气缸内充满了新鲜混合气以及上一个工作循环未排出的废气。

（2）压缩冲程

活塞由下止点移动到上止点，进排气门关闭。曲轴在飞轮等惯性力的作用下带动旋转，通过连杆推动活塞向上移动，气缸内气体容积逐渐减小，气体被压缩，气缸内的混合气压力与温度随着升高。

（3）做功冲程

此时，进排气门同时关闭，火花塞点火，混合气剧烈燃烧，气缸内的温度、压力急剧上升，高温、高压气体推动活塞向下移动，通过连杆带动曲轴旋转。在发动机工作的四个行程中，只有这个在行程才实现热能转化为机械能，所以，这个行程又称为做功行程。

（4）排气冲程

此时，排气门打开，活塞从下止点移动到上止点，废气随着活塞的上行，被排出气缸。由于排气系统有阻力，且燃烧室也占有一定的容积，所以不可能将废气排净，这部分留下来的废气称为残余废气。残余废气不仅影响充气，对燃烧也有不良影响。

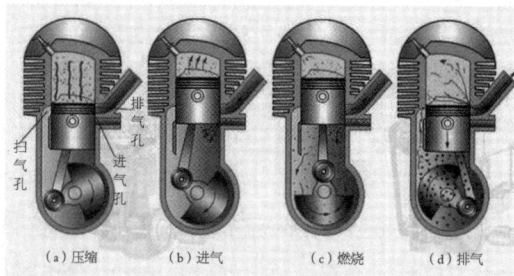

图 2-16　汽车发动机工作原理

排气行程结束时，活塞又回到了上止点，也就完成了一个工作循环。随后，曲轴依靠飞轮转动的惯性作用仍继续旋转，开始下一个循环。如此周而复始，发动机就不断地运转起来。

汽油机和柴油机都属于往复活塞式内燃机，是将燃料的化学能转化为活塞运动的机械能并对外输出动力。汽油机具有转速高、质量小、噪音小、起动容易和制造成本低的优点；柴油机压缩比大，热效率高，经济性能和排放性能都比汽油机好。

2.2.2　汽车底盘

底盘作用是支撑、安装汽车发动机及其各部件、总成，形成汽车的整体造型，并接受发动机的动力，使汽车产生运动，保证正常行驶。底盘由传动系、行驶系、转向系和制动系四部分组成（图 2-18）。

图 2-17　汽车底盘

1. 传动系

汽车发动机所发出的动力靠传动系传递到驱动车轮。传动系具有减速、变速、倒车、中断动力、轮间差速和轴间差速等功能，与发动机配合工作，能保证汽车在各种工况条件下的正常行驶，并具有良好的动力性和经济性。传动系主要由离合器、变速器、万向节、差速器、传动轴和驱动桥等组成。

（1）离合器

离合器位于发动机和变速箱之间的飞轮壳内，用螺钉将离合器总成固定在飞轮的后平面上，离合器的输出轴就是变速箱的输入轴。在汽车行驶过程中，驾驶员可根据需要踩下或松开离合器踏板，使发动机与变速箱暂时分离和逐渐接合，以切断或传递发动机向变速器输入的动力，达到驾驶员进行汽车起步、停车、换挡等操作目的。

离合器的功用主要有：

①保证汽车平稳起步

起步前汽车处于静止状态，如果发动机与变速箱是刚性连接的，一旦挂上挡，汽车将由于突然接上动力突然前冲，不但会造成机件的损伤，而且驱动力也不足以克服汽车前冲产生的巨大惯性力，使发动机转速急剧下降而熄火。如果在起步时利用离合器暂时将发动机和变速箱分离，然后离合器逐渐接合，由于离合器的主动部分与从动部分之间存在着滑磨的现象，可以使离合器传出的扭矩由零逐渐增大，而汽车的驱动力也逐渐增大，从而让汽车平稳地起步。

②便于换挡

汽车行驶过程中，经常换用不同的变速箱档位，以适应不断变化的行驶条件。如果没有离合器将发动机与变速箱暂时分离，那么变速箱中啮合的传力齿轮会因载荷没有卸除，其啮合齿面间的压力很大而难于分开。另一对待啮合齿轮会因二者圆周速度不等而难于啮合。即使强行进入啮合也会产生很大的齿端冲击，容易损坏机件。利用离合器使发动机和变速箱暂时分离后进行换挡，则原来啮合的一对齿轮因载荷卸除，啮合面间的压力大大减小，就容易分开。而待啮合的另一对齿轮，由于主动齿轮与发动机分开后转动惯量很小，采用合适的换挡动作就能使待啮合的齿轮圆周速度相等或接近相等，从而避免或减轻齿轮间的冲击。

③防止传动系过载

汽车紧急制动时，车轮突然急剧降速，而与发动机相连的传动系由于旋转的惯性，仍保持原有转速，这往往会在传动系统中产生远大于发动机转矩的惯性矩，使传动系的零件容易损坏。由于离合器是靠摩擦力来传递转矩的，所以当传动系内载荷超过摩擦力所能传递的转矩时，离合器的主、从动部分就会自动打滑，因而起到了防止传动系过载的作用。

（2）变速器（图 2-18）

变速箱由变速传动机构和变速操纵机构两部分组成。变速传动机构的主要作用是改变转矩和转速的数值和方向；操纵机构的主要作用是控制传动机构，实现变速器传动比的变换，即实现换挡，以达到变速变矩。

机械式变速箱主要应用了齿轮传动的降速原理。简单地说，变速箱内有多组传动比不同的齿轮副，而汽车行驶时的换挡行为，也就是通过操纵机构使变速箱内不同的齿轮副工作。如在低速时，让传动比大的齿轮副工作，而在高速时，让传动比小的齿轮副工作。变速箱的功用是：

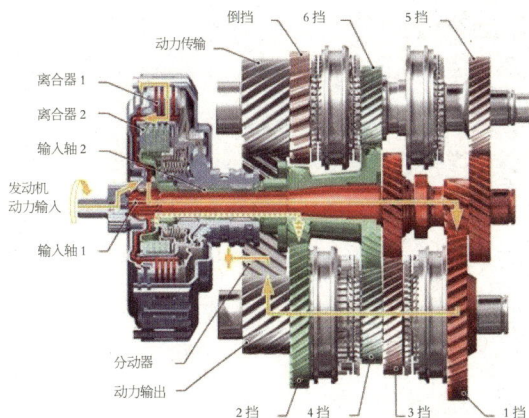

图 2-18　变速器结构示意图

①在较大范围内改变汽车行驶速度的大小和汽车驱动轮上扭矩的大小

由于汽车行驶条件不同，要求汽车行驶速度和驱动扭矩能在很大范围内变化。例如在高速路上车速应能达到 100km/h，而在市区内，车速常在 50km/h 左右。空车在平直的公路上行驶时，行驶阻力很小，则当满载上坡时，行驶阻力便很大。而汽车发动机的特性是转速变化范围较小，而转矩变化范围更不能满足实际路况需要。

②实现倒车行驶

汽车发动机曲轴一般都是只能向一个方向转动的，而汽车有时需要能倒退行驶，因此，往往利用变速箱中设置的倒挡来实现汽车倒车行驶。

③实现空挡

当离合器接合时，变速箱可以不输出动力。例如可以保证驾驶员在发动机不熄火时松开离合器踏板离开驾驶员座位。

（3）万向传动器

万向传动装置一般由万向节、传动轴和中间支承组成。其功用是在轴线相交且相对位置经常变化的两转轴之间可靠地传递动力。

在现代汽车的总体布置中，发动机、离合器和变速箱连成一体固装在车架上，而驱动桥则通过弹性悬架与车架连接。由此可见，变速器输出轴轴线与驱动桥的输入轴轴线不在同一平面上。当汽车行驶时，车轮的跳动会造成驱动桥与变速器的相对位置（距离、夹角）不断变化，故变速器的输出轴与驱动桥的输入轴不可能刚性连接，必须安装有万向传动装置。此外，由于越野汽车的前轮既是转向轮又是驱动轮。作为转向轮，要求在转向时可以在规定范围内偏转一定角度；作为驱动轮，则要求半轴在车轮偏转过程中不间断地把动力从主减速器传到车轮。

（4）差速器

驱动桥两侧的驱动轮若用一根整轴刚性连接，则两轮只能以相同的角速度旋转。当汽车转向行驶时，由于外侧车轮要比内侧车轮移过的距离大，将使外侧车轮在滚动的同时产生滑拖，而内侧车轮在滚动的同时产生滑转。即使是汽车直线行驶，也会因路面不平或虽然路面平直但轮胎滚动半径不等（轮胎制造误差、磨损不同、受载不均或气压不等）而引起车轮的滑动。

车轮滑动时不仅加剧轮胎磨损、增加功率和燃料消耗，还会使汽车转向困难、制动性能变差。为使车轮尽可能不发生滑动，在结构上必须保证各车辆能以不同的角速度转动。通常从动车轮用轴承支承在心轴上，使之能以任何角速度旋转，而驱动车轮分别与两根半轴刚性连接，在两根半轴之间装有差速器。这种差速器又称为轮间差速器。 多轴驱动的越野汽车，为使各驱动桥能以不同角速度旋转，以消除各桥上驱动轮的滑动，有的在两驱动桥之间装有轴间差速器。

现代汽车上的差速器通常按其工作特性分为齿轮式差速器和防滑差速器两大类。

①齿轮式差速器。当左右驱动轮存在转速差时，差速器分配给慢转驱动轮的转矩大于快转驱动轮的转矩。这种差速器转矩均分特性能满足汽车在良好路面上正常行驶。但当汽车在坏路上行驶时，却严重影响通过能力。例如当汽车的一个驱动轮陷入泥泞路面时，虽然另一驱动轮在良好路面上，汽车却往往不能前进（俗称打滑）。此时在泥泞路面上的驱动轮原地滑转，在良好路面上的车轮却静止不动。这是因为在泥泞路面上的车轮与路面之间的附着力较小，路面只能通过此轮对半轴作用较小的反作用力矩，因此差速器分配给此轮的转矩也较小，尽管另一驱动轮与良好路面间的附着力较大，但因平均分配转矩的特点，使这一驱动轮也只能分到与滑转驱动轮等量的转矩，以致驱动力不足以克服行驶阻力，汽车不能前进，而动力则消耗在滑转驱动轮上。此时加大油门不仅不能使汽车前进，反而浪费燃油，加速机件磨损，尤其使轮胎磨损加剧。有效的解决办法是：挖掉滑转驱动轮下的稀泥或在此轮下垫干土、碎石、树枝、干草等。

②防滑差速器。为提高汽车在坏路上的通过能力，某些越野汽车及高级轿车上装置防滑差速器。防滑差速器的特点是，当一侧驱动轮在坏路上滑转时，能使大部分甚至全部转矩传给在良好路面上的驱动轮，以充分利用这一驱动轮的附着力来产生足够的驱动力，使汽车顺利起步或继续行驶。

（5）机械式传动系常见布置形式主要与发动机的位置及汽车的驱动形式有关。

①前置前驱—FR：即发动机前置、后轮驱动（图2-19）

这是一种传统的布置形式。国内外的大多数货车、部分轿车和部分客车都采用这种形式。

②后置后驱—RR：即发动机后置、后轮驱动（图 2-20）

在大型客车上多采用这种布置形式，少量微型、轻型轿车也采用这种形式。发动机后置，使前轴不易过载，并能更充分地利用车厢面积，还可有效地降低车身地板的高度或充分利用汽车中部地板下的空间安置行李，也有利于减轻发动机的高温和噪声对驾驶员的影响。缺点是发动机散热条件差，行驶中的某些故障不易被驾驶员察觉。远距离操纵也使操纵机构变得复杂、维修调整不便。但由于优点较为突出，在大型客车上应用越来越多。

③前置前驱—FF：发动机前置、前轮驱动 （图 2-21）

这种形式操纵机构简单、发动机散热条件好。但上坡时汽车质量后移，使前驱动轮的附着质量减小，驱动轮易打滑；下坡制动时则由于汽车质量前移，前轮负荷过重，高速时易发生翻车现象。现在大多数轿车采取这种布置形式。

④越野汽车的传动系

越野汽车一般为全轮驱动，发动机前置，在变速箱后装有分动器将动力传递到全部车轮上。目前，轻型越野汽车普遍采用 4×4 驱动形式（图 2-22），中型越野汽车采用 4×4 或 6×6 驱动形式；重型越野汽车一般采用 6×6 或 8×8 驱动形式。

2. 行驶系

行驶系是由车架、车桥、悬架和车轮四大部分组成。

行驶系的功用是：

①接受传动系的动力，通过驱动轮与路面的作用产生牵引力，使汽车正常行驶；

②承受汽车的总重量和地面的反力；

③缓和不平路面对车身造成的冲击，衰减汽车行驶中的振动，保持行驶的平顺性；

④与转向系配合，保证汽车操纵稳定性。

（1）车架

1）定义

车架是连接在各车桥之间形似桥梁的一种结构，是整个汽车的安装基础（图 2-23）。汽车车架按结构形式可分为边梁式车架、中梁式车架、综合式车架和无梁式车架。许多轿车公共汽车没有单独的车架，而以车身代替车架，主要部件连接在车身上，这种车身称为承载式车身。这种结构的车身底板用纵梁和横梁进行加固，车身刚度好，质量轻，但制造要求高。

2）功用

图 2-19　发动机前置后驱动

图 2-20　发动机后置后驱动

图 2-21　发动机前置前驱动

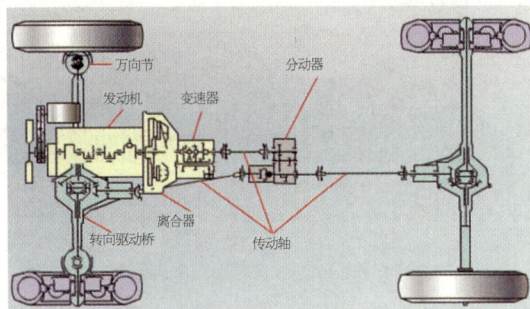

图 2-22　4×4 越野车传动系示意图

车架是安装汽车的各总成和部件, 使它们保持正确的相对位置, 并承受来自车上和地面的各种静动载荷。

3) 要求

车架既然是整个汽车安装的基础, 自然会对车架的机构及稳定性有比较高的要求:

①车架的结构首先应满足汽车总体的布置要求。

②车架应具有足够的强度和合适的刚度, 以满足承受各种静、动载荷。

③车架结构简单, 质量应尽可能小, 便于机件拆装、维修。

④车架的结构形状尽可能有利于降低汽车质心和获得大的转向角, 以提高汽车行驶的稳定性和机动性。

（2）车桥

车桥是通过悬架和车架（或车身）相连, 两端连接车轮。车桥可以是整体式的, 有如一个巨大的杠铃, 两端通过悬架系统支撑着车身, 因此整体式车桥通常与非独立悬架配合; 车桥也可以是断开式的, 像两把雨伞插在车身两侧, 再各自通过悬架系统支撑车身, 所以断开式车桥与独立悬架配用（图2-24）。

根据驱动方式的不同, 车桥也分成转向桥、驱动桥、转向驱动桥和支持桥四种。其中转向桥和支持桥都属于从动桥。大多数汽车采用前置后驱动（FR）, 因此前桥作为转向桥, 后桥作为驱动桥; 而前置前驱动（FF）汽车的前桥成为转向驱动桥, 后桥充当支持桥。

图 2-23　中华新尊驰车架　　　　　图 2-24　半挂车美式车桥

①转向桥的结构基本相同, 由两个转向节和一根横梁组成。如果把横梁比作身体, 转向节就是他左右摇晃的脑袋, 脖子就是我们常说的主销, 车轮就装在转向节上, 仿佛脑袋上带了个草帽。不过, 行驶的时候草帽转, 脑袋却不转, 中间用轴承分隔开, 脑袋只管左右晃动。脖子——主销是车轮转动的轴心, 这个轴的轴线并非垂直于地面, 车轮本身也不是垂直的。

②转向驱动桥与转向桥的区别就是一切都是空心的, 横梁变成了桥壳, 转向节变成了转向节壳体, 因为里面多了根驱动轴。这根驱动轴因被位于桥壳中间的差速器一分为二, 而变成了两根半轴。两个草帽也不是简单地套在脑袋上, 还要与里面的两根半轴直接相连。半轴在"脖子"的位置也多了一个关节——万向节, 因此半轴也变成了两部分——内半轴和外半轴。

图 2-25　悬架示意图

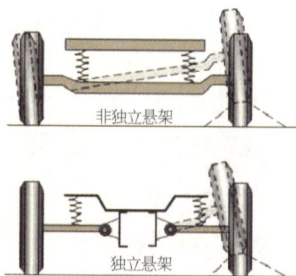

（3）悬架

悬架（图2-25）是汽车的车架（或承载式车身）与车桥（或车轮）之间的一切传力连接装置的总称, 其作用是传递作用在车轮和车架之间的力和力扭, 并且缓冲由不平路面传给车架或车身的冲击力, 并减少由

图 2-26　独立悬架与非独立悬架

此引起的震动，以保证汽车能平顺行驶。

　　悬架把车架与车轮弹性地联系起来，关系到汽车的多种使用性能。从外表上看，轿车悬架仅是由一些杆、筒以及弹簧组成，但千万不要以为它很简单，相反轿车悬架是一个较难达到完美要求的汽车总成，这是因为悬架既要满足汽车的舒适性要求，又要满足其操纵稳定性的要求，而这两方面又是互相对立的。比如，为了取得良好的舒适性，需要大大缓冲汽车的震动，这样弹簧就要设计得软些，但弹簧软了却容易使汽车发生刹车"点头"、加速"抬头"以及左右侧倾严重的不良倾向，不利于汽车的转向，容易导致汽车操纵不稳定等。悬架分为非独立悬架和独立悬架两种类别（图 2-26）。

　　①非独立悬架

　　非独立悬架的结构特点是两侧车轮由一根整体式车桥相连，车轮连同车桥一起通过弹性悬架悬挂在车架或车身的下面。非独立悬架具有结构简单、成本低、强度高、保养容易、行车中前轮定位变化小的优点，但由于其舒适性及操纵稳定性都较差，在现代轿车中基本上已不再使用，多用在货车和大客车上。

　　②独立悬架

　　独立悬架是每一侧的车轮都是单独地通过弹性悬架悬挂在车架或车身下面的。其优点是质量轻，减少了车身受到的冲击，并提高了车轮的地面附着力；可用刚度小的较软弹簧，改善汽车的舒适性；可以使发动机位置降低，汽车重心也得到降低，从而提高汽车的行驶稳定性；左右车轮单独跳动，互不相干，能减小车身的倾斜和震动。不过独立悬架存在着结构复杂、成本高、维修不便的缺点。现代轿车大都是采用独立式悬架，按其结构形式的不同又分为横臂式、纵臂式、多连杆式、烛式以及麦弗逊式悬架等。

　　（4）车轮

　　车轮是固定轮胎内缘、支持轮胎并与轮胎共同承受负荷的刚性轮。也将组合在一起的轮胎、轮辋与轮辐统称车轮。由车轮和轮胎两大部件组成车轮总成。

　　车轮是介于轮胎和车轴之间所承受负荷的旋转组件，通常由轮辋和轮辐两个主要部件组成（图 2-27）。轮辋是在车轮上安装和支承轮胎的部件，轮辐是在车轮上介于车轴和轮辋之间的支承部件。车轮除上述部件外，有时还包含轮毂。

　　1）车轮分类

　　①按轮辐的构造：车轮可分为辐板式车轮和辐条式车轮 。

　　②按车轮材质：可分为钢制、铝合金、镁合金等车轮。

　　③按车轴一端安装一个或两个轮胎：可分为单式车轮和双式车轮。

　　轿车和货车上广泛采用辐板式车轮。此外，还有对开式车轮、组装轮辋式车轮、可反装式车轮和可调式车轮。

　　2）轮胎的结构

　　轮胎的结构分为三部分：胎体、帘布、外胎面。胎体较柔软，外胎面刚性较大，中间的帘线起到加强胎体强度和定型的作用，多加以金属丝提高轮胎的弹力性能。

　　轿车轮胎大致分为子午线轮胎和斜线轮胎（图 2-28）。

　　①斜线轮胎的帘线按斜线交叉排列而得名。胎体构成了轮胎的基本骨架，从外胎面到胎侧的柔软度是一致的。虽然斜线轮胎的噪音小、外胎面柔软、低速行驶时乘坐舒适性好且价格便宜，但其综合性能不如子午线轮胎，汽车厂家都是以子午线轮胎为前提研制新车的，随着子午线轮胎的不断改进，斜线轮胎将基

本上被淘汰（图2-29）。

②子午线轮胎的帘布层相当于轮胎的基本骨架，其排列方向与轮胎子午断面一致，由于行驶时轮胎要承受较大的切向作用力，为保证帘线的稳固，在其外部又有若干层由高强度、不易拉伸的材料制成的带束层（又

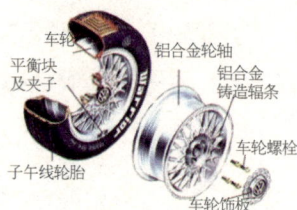

图2-27　桑塔纳2000轿车车轮　图2-28　子午线及斜线轮胎的结构　图2-29　轮胎承受横向力的变形

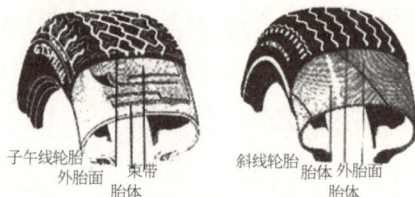

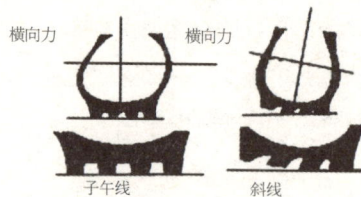

称箍紧层），其帘线方向与子午断面呈较大的交角（70°～75°），材料多选用玻璃纤维、聚酰胺纤维或钢丝等高强度材料，既起到固定帘线的作用，同时利用束带来提高胎面的刚性。轮胎侧面的刚性小于胎面的刚性，所以在转弯时轮胎侧面因受地面横向力作用发生变形，从而保证了外胎面的触地面积基本保持不变。

子午线轮胎与普通斜线胎相比，弹性大，耐磨性好，滚动阻力小，附着性能好，缓冲性能好，承载能力大，不易刺穿；缺点是胎侧易裂口，由于侧向变形大，导致汽车侧向稳定性稍差，制造技术要求高，成本高。

下面举两例来说明斜线轮胎与子午线轮胎的规格及其标识。斜线轮胎（5.60-13 4PR），（5.60：轮胎宽（5.6英寸）；13：适合轮辋直径（13英寸）；4PR：轮胎强度（相当于四层帘布）。子午线轮胎195/60R 14 85 H），195：轮胎宽（195mm）；60：扁平率（轮胎子午断面高宽比）(60%)；R：轮胎结构（Radial）；14：适合的轮辋直径（14英寸）；85：允许载荷代码；H：极限速度符号（H=210km/h）。

3. 转向系

用来改变或保持汽车行驶或倒退方向的一系列装置称为汽车转向系统（steering system）。汽车转向系统的功能就是按照驾驶员的意愿控制汽车的行驶方向，驾驶员通过转动方向盘的动作转变为车轮（通常是前轮）的偏转动作使汽车转向。

按转向力能源的不同，可将转向系分为机械转向系和动力转向系。

①机械转向系的能量来源是人力，所有传力件都是机械的，由转向操纵机构（方向盘）、转向器、转向传动机构三大部分组成。其中转向器是将操纵机构的旋转运动转变为传动机构的直线运动（严格讲是近似直线运动）的机构，是转向系的核心部件。

②动力转向系除具有以上三大部件外，其最主要的动力来源是转向助力装置。由于转向助力装置最常用的是一套液压系统，因此也就离不开泵、油管、阀、活塞和储油罐，它们分别相当于电路系统中的电池、导线、开关、电机和地线的作用。

（1）转向盘

转向盘内部有金属制成的骨架，是用钢、铝合金或镁合金等材料制成。由圆环状的盘圈、插入转向轴的转向盘毂，以及连接盘圈和盘毂的辐条构成（图2-30）。采用焊接或铸造等工艺制造，转向轴是由细齿花键和螺母连接的。骨架的外侧一般包有柔软的合成橡胶或树脂，也有采用皮革包裹以及硬木制作的转向盘。转向盘外皮要求有某种程度的柔软度，手感良好，能防止手心出汗打滑的材质，还需要有耐热、

耐候性。

转向盘位于司机的正前方，是碰撞时最可能伤害到司机的部件，因此需要转向盘具有很高的安全性，在司机撞在转向盘上时，骨架能够产生变形，吸收冲击能减轻对司机的伤害。转向盘的惯性力矩也是很重要的，惯性力矩小，我们就会感到"轮轻"，操作感良好，但同时也容易受到转向盘反弹(即"打手")的影响，为了设定适当的惯性力矩，就要调整骨架的材料或形状等。

图 2-30　法拉利转向盘

现在的转向盘较以往已经有了很大的改进。由于转向助力装置的普及，转向盘外径变小了，而手握处却变粗了，采用柔软材料，使操作感得到了改善。

现在越来越多的汽车在转向盘里安装了安全气囊，也使汽车的安全性大大提高了。转向盘上有喇叭开关，必须时刻与车身电器线路相连，而旋转的转向盘与组合开关之间显然不能用导线直接相连，因此就必须采用集电环装置。集电环好比环形的地铁轨道，喇叭开关的触点就像奔跑在轨道上的电车时刻保持接通的状态。由于是机械接触，长时间使用触点会因磨损影响导电性，导致紧急时刻喇叭不鸣甚至气囊不工作。因此，现在装备气囊的汽车开始装用电缆盘代替集电环。

（2）转向柱

为牢固支承转向盘而在车身上设有转向柱。传递转向盘操作的转向轴从中穿过，由轴承和衬套支承。转向机构应备有吸收汽车碰撞时产生的冲击能的装置。许多国家都规定轿车义务安装吸能式转向柱，通过转向柱的支架变形来达到缓冲吸能的作用。

转向轴与转向器齿轮箱之间采用连轴节相连（即两个万向节），之所以用连轴节，除了可以改变转向轴的方向，还使得转向轴可以做纵向的伸缩运动，以配合转向柱的缓冲运动。

正是由于有了连轴节，转向轴可以有不同的倾斜角度，使转向盘的位置可以上下倾斜，适应各种身高和体形的司机。通过操作位于转向柱下侧的手柄，使转向柱处于放松状态，将转向盘调至自己喜好的位置，再反向转动手柄，使转向柱固定在新的位置上（图 2-31）。

现在一些高级轿车上已经采用电动式转向盘倾斜调整机构。转向轴内装有专用电机，使转向轴改变倾斜角度。最新型的调整机构是全自动式由计算机控制的。司机在下车前将点火钥匙拔出，转向盘便自动升起，以便司机顺利下车。但计算机会记住原来的转向盘位置，当点火钥匙再次插入时，转向盘会自动恢复原位。

可伸缩式转向机构可像望远镜那样伸缩调整转向盘的前后位置。转向轴也像望远镜一样有双重结构，内筒与外筒用花键啮合，使它们无法相对转动，而只能沿槽方向做伸缩运动。与倾斜调整机构相同，可操作手柄解除或固定伸缩动作，一部分车也采用电动式计算机控制的全自动伸缩式转向机构。

（3）动力转向机构

动力转向机是利用外部动力协助司机轻便操作转向盘的装置（图 2-32）。随着最近汽车发动机马力的增大和扁平轮胎的普遍使用，使车重和转向阻力都加大了，因此动力转向机构越来越普及。值得注意的是，转向助力不应是不变的，因为在高速行驶时，轮胎的横向阻力小，转向盘变得轻飘，很难捕捉路面的感觉，也容易造成转向过于灵敏而使汽车不易控制。所以在高速时要适当减低动力，但这种变化必须平顺过渡。

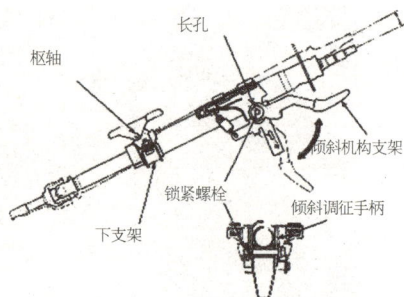

图 2-31　转向盘倾斜调整机构　　　图 2-32　动力转向机构

4. 制动系

汽车上用以使外界（主要是路面）在汽车某些部分（主要是车轮）施加一定的力，从而对其进行一定程度的强制制动的一系列专门装置统称为制动系统。其作用是使行驶中的汽车按照驾驶员的要求进行强制减速甚至停车；使已停驶的汽车在各种道路条件下（包括在坡道上）稳定驻车；使下坡行驶的汽车速度保持稳定。

（1）制动系统的组成

制动系统一般由制动操纵机构和制动器两个主要部分组成。

①制动操纵机构

产生制动动作、控制制动效果并将制动能量传输到制动器的各个部件以及制动轮缸和制动管路。

②制动器

产生阻碍车辆的运动或运动趋势的力（制动力）的部件。汽车上常用的制动器都是利用固定元件与旋转元件工作表面的摩擦而产生制动力矩，称为摩擦制动器。它有鼓式制动器和盘式制动器两种结构形式。

（2）制动系统的分类

1）按制动系统的作用，制动系统可分为行车制动系统、驻车制动系统、应急制动系统及辅助制动系统等。

①用以使行驶中的汽车降低速度甚至停车的制动系统称为行车制动系统。

②用以使已停驶的汽车驻留原地不动的制动系统则称为驻车制动系统。

③在行车制动系统失效的情况下，保证汽车仍能实现减速或停车的制动系统称为应急制动系统。

④在行车过程中，辅助行车制动系统降低车速或保持车速稳定，但不能将车辆紧急制停的制动系统称为辅助制动系统。

上述各制动系统中，行车制动系统和驻车制动系统是每一辆汽车都必须具备的。

2）、按制动操纵能源，制动系统可分为人力制动系统、动力制动系统和伺服制动系统等。

①以驾驶员的肌体作为唯一制动能源的制动系统称为人力制动系统。

②完全靠由发动机的动力转化而成的气压或液压形式的势能进行制动的系统称为动力制动系统；

③兼用人力和发动机动力进行制动的制动系统称为伺服制动系统或助力制动系统。

3）、按制动能量的传输方式，制动系统可分为机械式、液压式、气压式、电磁式等。同时采用两种以上传能方式的制动系称为组合式制动系统。

2.2.3　汽车车身

车身安装在底盘的车架上，供驾驶员、旅客乘坐或装载货物。轿车、客车的车身一般是整体结构，货车车身一般是由驾驶室和货箱两部分组成。

汽车车身结构主要包括车身壳体（白车身）、车门、车窗、车前钣制件、车身内外装饰件和车身附件、座椅以及通风、暖气、冷气、空气调节装置等。在货车和专用汽车上还包括车厢和其他装备。

1. 车身壳体（白车身）

车身壳体是一切车身部件的安装基础，通常是指纵、横梁和支柱等主要承力元件以及与它们相连接的钣件共同组成的刚性空间结构。客车车身多数具有明显的骨架，而轿车车身和货车驾驶室则没有明显的骨架。车身壳体通常还包括在其上敷设的隔音、隔热、防振、防腐、密封等材料及涂层。

2. 车门

车门通过铰链安装在车身壳体上，其结构较复杂，是保证车身的使用性能的重要部件。这些钣制制件形成了容纳发动机、车轮等部件的空间。

3. 车身外部装饰件

车身外部装饰件主要是指装饰条、车轮装饰罩、标志、浮雕式文字等。散热器面罩、保险杠、灯具以及后视镜等附件亦有明显的装饰性。雷克萨斯 RX 凭借张力的家族式纺锤形格栅，配以凌厉刚毅的线条获得 2015 年上海车展中国最佳首发新车奖（图 2-33）。

图 2-33　雷克萨斯 RX

4. 车内部装饰件

车内部装饰件包括仪表板、顶篷、侧壁、座椅等表面覆饰物，以及窗帘和地毯。在轿车上广泛采用天然纤维或合成纤维的纺织品、人造革或多层复合材料、连皮泡沫塑料等表面覆饰材料；在客车上则大量采用纤维板、纸板、工程塑料板、铝板、花纹橡胶板以及复合装饰板等覆饰材料。

5. 车身附件

车身附件包括门锁、门铰链、玻璃升降器、各种密封件、风窗刮水器、风窗洗涤器、遮阳板、后视镜、拉手、点烟器、烟灰盒等。在现代汽车上常常装有无线电收放音机和杆式天线，有的汽车车身上还装有无线电话机、电视机或加热食品的微小炉和小型电冰箱等附属设备（图 2-34）。

图 2-34　车载冰箱

6. 其他装备

①车身内部的通风、暖气、冷气以及空气调节装置是维持车内正常环境、保证驾驶员和乘客安全舒适的重要装置。

②座椅也是车身内部重要装置之一。座椅由骨架、坐垫、靠背和调节机构等组成。坐垫和靠背应具有一定的弹性。调节机构可使座位前后或上下移动以及调节坐垫和靠背的倾斜角度。某些座椅还有弹性悬架和减振器，可对其弹性悬架加以调节以便在驾驶员们不同的体重作用下仍能保证坐垫离地板的高度适当。在某些货车驾驶室和客车车厢中还设置适应夜间长途行车需要的卧铺。

③为保证行车安全，在现代汽车上广泛采用对乘员施加约束的安全带、头枕、气囊以及汽车碰撞时防止乘员受伤的各种缓冲和包垫装置。按照运载货物的不同种类，货车车厢可以是普通栏板式结构、平台式结构、倾卸式结构、闭式车厢、气、液罐以及运输散粒货物（谷物、粉状物等）所采用的气力吹卸专用容罐

或者是适于公路、铁路、水路、航空联运和国际联运的各种标准规格的集装箱。

沃尔沃 XC90 荣誉版采用了创新性的 4 座"超级头等舱"布局设计，较通常的 5 座位轿车扩展了后排腿部空间，为顶级精英人群营造出人性化的乘坐体验（图 2-35）。

2.2.4　电气设备

电气设备（Electrical Equipment）是在电力系统中对发电机、变压器、电力线路、断路器等设备的统称，电气设备由电源和用电设备两大部分组成（图 2-36）。电源包括蓄电池和发电机；用电设备包括发动机的起动系、汽油机的点火系和其他用电装置。

1. 蓄电池

蓄电池的作用是供给起动机用电，在发动机起动或低速运转时向发动机点火系及其他用电设备供电。当发动机高速运转时发电机发电充足，蓄电池可以储存多余的电能。蓄电池上每个单电池都有正、负极柱。

2. 起动机

起动机其作用是将电能转变成机械能，带动曲轴旋转，起动发动机。起动机使用时，应注意每次起动时间不得超过 5s，每次使用间隔不小于 10～15s，连续使用不得超过 3 次。若连续起动时间过长，将造成蓄电池大量放电和起动机线圈过热冒烟，极易损坏机件。

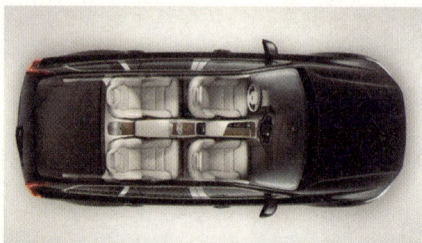

图 2-35　沃尔沃 XC90 荣誉版四座设计

图 2-36　汽车电气设备

汽车及其复杂的内部结构与汽车外部造型息息相关，汽车燃料的发展、结构的创新、技术的进步都会对汽车的外部造型带来革新，如电机驱动、燃料电池等简化了汽车的动力系统，减小了其内部空间，为汽车的外观设计带来了更大的自由性。

3

第 3 章　汽车空气动力学

　　空气动力学 (Aerodynamics) 是研究物体在与周围空气做相对运动时两者之间相互作用力的关系及运动规律的科学，它属于流体力学的一个重要部分。人类早期就对鸟儿在空气中的飞行、鱼儿在水中的游动所受的阻力进行了猜测和研究。

　　17 世纪后期，荷兰物理学家惠更斯（Huygens）首先估算出物体在空气中运动的阻力；空气动力学经典理论的开创源于 1726 年牛顿（Newton）的应用力学原理和演绎方法的计算：空气中运动的物体所受的力，正比于物体运动速度的平方和物体的特征面积以及空气的密度。

　　汽车空气动力学是研究空气流经汽车时的流动规律及其与汽车相互作用的一门科学。汽车空气动力特性是汽车设计重要的性能指标，汽车高速行进过程中会受到空气阻力、升力、侧向力、摩擦力等的阻力，会直接影响汽车行驶的操纵稳定性、安全性以及舒适性。此外，空气流经汽车内部空间也会形成阻力，改善驾驶室的内流特性，如发动机冷却系空气动力特性、驾驶室内通风及空调特性，在减小阻力的同时，提高发动机、制动机部件的效能，降低空气动力噪声，保证乘坐舒适性。

　　对涡流的研究是 1911 年由英国人卡门进行的。最早应用卡门涡流原理减小形状阻力是在飞机的研究上。我们通常看见汽车排出的废气在汽车尾部缭绕，甚至尘埃、纸片也随着废气飞扬，这就是涡流现象。汽车产生涡流耗损能量，因而涡流起着阻碍汽车前进的作用；对箱型车而言，在前风面玻璃、车顶，特别是汽车后部产生涡流而形成的形状阻力占有很大的比例。减小迎面阻力的措施比较简单，降低整车高度即可。

　　1934 华密执安大学的雷依教授进行了具有历史意义的试验，采用风洞和模型汽车，测量了各种形状的车身的空气阻力系数（图 3-1）。从图 3-1 可以看出，汽车形状变化中流线型车身的空气阻力最小，能够产生高速度，马上被用于汽车的外观造型设计中。在此汽车制造技术的进步起到了重要的作用，机床制造业和冲压技术的不断完善，使得生产柔和光顺曲线的流线型车身成为可能。及至后来车身细部及整体造型的完善中，汽车风洞试验推动了空气动力学的发展。

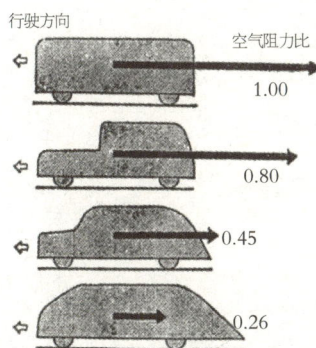

图 3-1　汽车形状与阻力的关系

3.1　汽车空气动力学的发展

　　汽车发展可以看出汽车空气动力学的发展历程，从最早的马车式箱型形态到现在结构复杂而完善的传动机构，形成了独特的汽车空气动力学学科，二者具有相符相成、息息相关的联系，其中风洞试验为汽车空气动力学的发展提供了有力的数据支撑。汽车空气动力学经历了以下 4 个发展阶段（表 3-1）：

　　1.基本形状化阶段

19 世纪末期、20 世纪初期是空气动力学发展的第一阶段，人们根据外形归纳为基本形状化阶段。这个时期的造型来源于水流及气流的合理外形，如鱼雷形、船尾形、汽艇形等水滴形汽车外形。"泪滴"状是早期的流线型造型，1899 年 Camille Jenatzy 设计的 Jamais Contente 汽车是最早采用 空气动力学设计的汽车，鱼雷形的造型大大提高了汽车运行速度，车速达到了 105.88km/h，刷新了的法国杂志举办的赛事冠军纪录（图 3-2）。车长宽比例为 4：1，设计中虽然考虑了空气动力学采用了流行型造型，然而驾驶员与车轮都露在外边，没有形成"一体化"的车身，空气阻力较大，更没有考虑驾驶员的乘坐舒适性。因为当时的汽车实用性并不是很强，造型及空气动力学的研究并没有被广泛采用。

表 3-1 汽车空气动力学发展的四个阶段

特征	年代	车型		
基本形状	1900～1930	鱼雷形	船尾形	气艇形
流线型化	1921 1923	拉普勒	布拉提	
	1922 1939	杰瑞		
	1934 1939	廉贝	鲆勒	
	1955	雪铁龙	NSU-R.o80	
细部优化	1974	大众-西若柯 I	大众-高尔夫 I	
整体优化	1983	奥迪100 Ⅲ	福特 雪拉	

到 1900 年，"泪滴"状已作为最小阻力形状而被接受，并在第一次大战前后用于小汽车的外形设计上。美国建筑师和设计师富勒于 1933—1934 年设计的"戴马克松"小汽车在这方面做了大胆尝试（图 3-3）。这是一辆大型的三轮汽车，呈"泪滴"状。设计师声称它性能超群，在时速 50 英里时能节油 50%。但是对于美国汽车工业来说，富勒的设计在形式上和结构上都太离谱，不能马上用于批量生产，因为他们必须顾及公众接受创新的程度。

2. 流线型造型阶段

流线型原是空气动力学名词，用来描述表面圆滑、线条流畅的物体形状，这种形状能减少物体在高速运动时的风阻。但在工业设计中，它却成了一种象征速度和时代精神的造型语言（图 3-4）而广为流传。成了一种时尚的汽车美学，并形成了 20 世纪三四十年代最流行的汽车风格。1921 年在德国齐柏林工厂工作的匈牙利工程师加雷开始在风洞中试验流线型汽车模型的空气动力学特性，他所试验的形式对于两次大战之间欧洲的汽车设计产生了深远影响，从增加速度和改善稳定性两个方面为流线型提供了科学的解释。

在空气动力学发展中，1911 年 Riedle 及 Jaray 的研究起到了不可或缺的作用，他们提出了"最小阻力的外形是流线型的一半构成的车身"（简称"半车身"）的汽车空气动力学理论。Jaray 提出在自由流场中气动阻力系数很小的旋转体，在接近地面时，流动就不再是轴对称的了，因此造成了气动阻力系数增加以及尾部气流的分离。最小气动阻力的外形是以流线体的一半构成的车身，这种"半车身"可由自身的镜像构成一个完整的旋转体，其长高比例为 4：1，并将其设计成侧面形状为上面两角倒圆的矩形。风洞试验表明 "半车身"离地间隙加大时，气动阻力系数也随之加大，原因是其下部有尖角，把这些尖角倒圆，

图 3-2 1899 年 Camille Jenatzy 设计的汽车　图 3-3 "戴马克松"小汽车　图 3-4 流线型风格造型语言

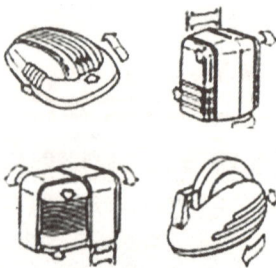

就可消除阻力增加的现象（表3-2）。

Jaray 的"半车身"造型后来不断被设计师采用，随后他又提出了"消除尾部的分离，才能降低阻力"的合成形式车身设计，让人们更多地认识到气动阻力对汽车造型设计的影响，并取得了可观的进展。Jaray 在 1924 年就设计了 Rumplen 汽车，其气动阻力系数 C_D=0.28 的低阻。

汽车空气动力学最初研究的是在静止空气中的纵向对称流动的气动阻力问题，但人们很快注意到驾驶室内通风、发动机冷却及侧风稳定性等方面的问题。

3. 车身细部优化阶段

汽车空气动力学发展的第三阶段为车身细部优化阶段，是由德国的 Hucho、Janssen 和 Emmelmann 等人在 19 世纪 70 年代初提出的，汽车设计在满足基本功能的前提下，如保证汽车总体布置、安全、舒适性和制造工艺的要求，并在保证造型风格的前提下，进行外形设计，然后进行空气动力学修正。汽车空气动力学设计的原则是首先进行外形设计，然后对形体细部如圆角半径、曲面弧度、斜度及扰流器等逐步或同时进行修改，控制以及防止气流的分离现象发生，以降低阻力，称为"细部优化法"。

表3-2 "半车身"阻力的测定
（1922 年 W.Klemperer 试验）

车 型	$A_{1:1}/m^2$	C_D
	2.99	0.64
大杰瑞	2.86	0.30
小杰瑞	1.87	0.29
无车轮半车身	2.99	
	前端非尖角未修圆	0.15
	前端尖角	0.13
有车轮半车身	前端修圆	0.09

美国三大汽车公司之一的克莱斯勒公司于 1934 年生产的"气流"型小汽车（图3-5、图3-6）是工程师布里尔按照空气动力学原理设计的。产品的结构和机械性能也经过精心设计，以确保可靠性和舒适性。为了获得竞争的主动，"气流"车的造型非常激进，设计者花了大量精力以求车身的统一，发动机罩的双曲线通过后倾的挡风玻璃与机身光滑地联系起来，挡泥板和脚踏板的流畅线条加强了整体感。尽管花费了 7 年时间，采用了许多革新成果，并发起了大规模的广告宣传，但这种型号的汽车在销售上却失败了，原因是它过于标新立异，以致消费者不能接受。不过这部汽车的设计对于后来德国的"大众"车外形产生了很大影响。鉴于"气流"车的失败，各大汽车公司在创新时都经过深思熟虑，年度换型计划在风格上的变化是有限的，即以一种克制的态度来使用流线型，并限于消费者能接受的观念。

欧洲的流线型风格与美国有明显区别，有自己的研究和表现方式。1934 年，奥地利人列德文克所设计的塔特拉 V8-81 型汽车（图3-7）就采用了流线型形式，并加上了一个尾鳍，这被认为是 20 世纪 30 年代最杰出的汽车之一。

尽管风洞试验为汽车工业所使用，证明了流线型能减少风阻，在高速行驶时降低油耗，但需进一步在技术和机械上改进。

1936 年生产的高级林肯"和风"牌汽车又前进了一步，精心设计了散热器罩，极具有动感（图3-8）。然而，真正达到减小空气阻力这一目的的，要算 1935 年的貌似甲虫的伏克斯瓦根小客车。甲虫不仅能在地上爬，也能在空中飞，其体形符合空气动力学性能，空气阻力小。伏克斯

图3-5 气流型小汽车

图3-6 气流型小汽车

瓦根小客车最大限度地发挥了甲虫造型的长处，车身蒙皮采用整体冲压，既轻便又坚固，工艺性好，整个设计空前完美，有极强的生命力。流线型汽车的大量生产就是从伏克斯瓦根开始的，它使流线型车身成为当时社会追求的一种时髦样式。

图 3-7　塔特拉 V8 型汽车

然而，甲虫型车的缺点也是显而易见的。与箱型车相比，乘员的活动空间明显地变得狭小，特别是后排乘员，头顶上几乎没有空间，产生一种压抑感。而且在 1940 年前后，汽车的实用速度是 60～70km/h，在这种速度范围内，将车身如此流线型化，所减小空气阻力的效果不大。甲虫型汽车的另一个致命的缺点是对横向风的不稳定性（图 3-9）。

图 3-8　1936 年林肯"和风"牌汽车

飞机的机翼上面隆起，下面平滑，这是为了获得升力，也就是使空气流在机翼上方的运动速度大于下方。正加法国物理学家贝尔努依从理论上证实的那样，空气流的速度与压力成反比。因此，机翼下方的压力高于上方。就是靠这个压力差，使飞机升起，这就是升力。甲虫型车的侧面形状很接近机翼断面形状。高速行驶时，会受到升力的作用漂浮起来，使方向盘发飘，也即前轮与地面的摩擦力减小，方向盘上的反应会变轻，即使转动方向盘，也不会如实地按所要求的方向前进，使人感觉发飘。遇到横向风时，车身可能会摆动，有脱离行驶航道的危险。如果以较低的车速行驶，这种偏离问题不大，只需冷静地把方向盘打正。但现在，时选 100km/h 以上的机会很多，在这种情况下，

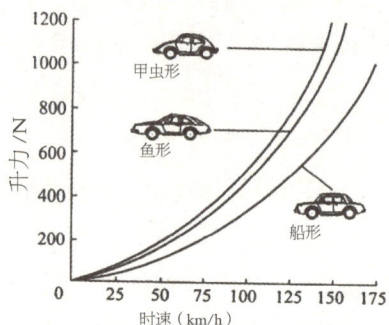

图 3-9　车速和升力的关系

稀一偏离路线就有发生冲撞的危险。如果车速进一步提高，后轮的附着力也会减小，因后轮腾空会导致驱动力大幅度下降。

4. 汽车造型的整体优化阶段

随着钝体分离流空气动力学基础研究不断进展及风洞试验技术的发展，人们对汽车绕流特性有了充分认识，汽车空气动力学进入了汽车造型的整体优化阶段。汽车整体优化设计的方法是采用具有极低气动阻力系数的优秀空气动力学设计的原型，在不改变其整体流畅的条件下，使其逐步形成具有低气动阻力系数的实车（图 3-10）。

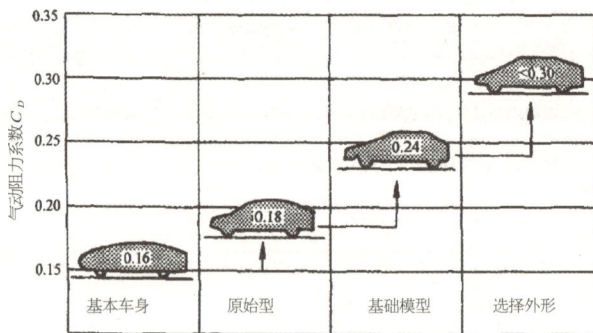

图 3-10　汽车外形从低阻参数开始的发展过程

整体优化法设计的原则是首先确定一个符合总布置要求的理想的低阻形体，在其发展成实用化汽车的每一设计步骤中，都应严格地保证形体的光顺性，使气流不从汽车表面分离，称之为形体最佳化。

3.2　汽车造型与空气动力学特性的关系

3.2.1　汽车的阻力特性

汽车空气动力特性对汽车的动力性、经济性和操纵稳定性息息相关。空气动力特性良好的汽车，可以大大提高汽车动力性、经济性，而高速汽车的空气动力稳定性是汽车高速、安全行驶的前提。在降低空气阻力时，改善驾驶室的内流特性（发动机冷却系空气动力特性、驾驶室内通风及空调特性）可以提高发动机、制动器部件的效能，降低空气动力噪声，保障汽车乘坐舒适性。

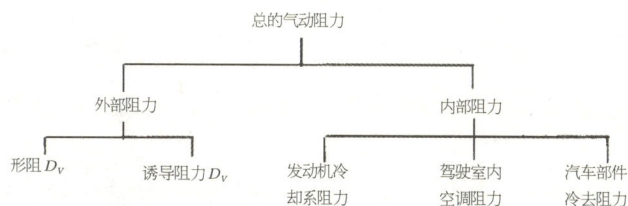

图 3-11　汽车气动阻力

行驶中的汽车受到的气动阻力是非常复杂的，可分为外部阻力和内部阻力（图 3-11）。

诱导阻力是升力的水平分力，与空气黏性有一定的关系，车的外部阻力是由黏性效应和涡场的相互作用产生。车身前部由于气流受到阻滞而产生压力，其合力压向车身后方，而车身后部由于气流速度降低使压力回升，其合力压向车身前部。理想流体中两个方向的合力平衡，由于汽车车身尾部产生涡流而破坏了压力平衡，其结果，前方阻止气流前进而产生的压力占优势，就产生阻力。

形阻主要取决于汽车车身前方阻止气流前进的压力与车身尾部使压力恢复的压力差，称为压差阻力。

压差阻力和表面摩擦阻力的本质来自于黏性。绕流作用在车身表面，产生了压力场和切应力场，如果当地的逆压梯度超过了一定的陡度，则造成气流从车身表面分离。当气流分离时，产生的压力分布与无黏流不同，随着产生的附面层厚度的增加，切应力减少，直至分离点减至零。对表面的压力和切应力进行积分可得到压差阻力和表面摩擦阻力，它们的总和就是包括诱导阻力在内的全部外部阻力（图 3-12）。

图 3-12　汽车气流图

图 3-13 是不同外形的汽车的尾流流态图。在车身尾部的流动中，包含着纵向的涡，它们是由车顶部与车身底部的压力差所产生的这个涡场包含着一定量的动能，它等于必须克服部分阻力的功，这部分阻力为诱导阻力，所说的涡场则与车的总升力相关。

升力是指汽车离开地面向上浮升的力。汽车在地面上行驶时，需要负升力，使汽车车轮更好地与地面接触，从而提高其行驶特性。

在很多情况下，对一个给定的车改型时，可以发现阻力和升力的密切关系，即在改型过程中，降低气动阻力的任何一种措施也同时产生升力降低的效果，当然也有升力反而增加的情况。图 3-14 为改变尾部倾角对气动阻力系数及后轴升力系数影响的一例。

在水平路面上等速行驶的汽车，驱动力全部用来克服滚动阻力和气动阻力。假设汽车前后车轮的滚动阻力相同，汽车的重力和气动升力均匀地分布在四个车轮上，汽车的最大车速最大驱动力、车重、汽车的滚动阻力系数、空气密度、汽车正面投影面积等各个要素息息相关。减小气动阻力系数，可使最高车速提高，由于升力对汽车操纵稳定性的影响，不能简单地用增大汽车气动升力系数来提高车速（图 3-15）。图中表明，大约车速 $V=60$ km/h 时，气动阻力与滚动阻力几乎相等。但当 $V=150$ km/h 时，气动阻力相当于滚动阻力的 $2\sim3$ 倍。

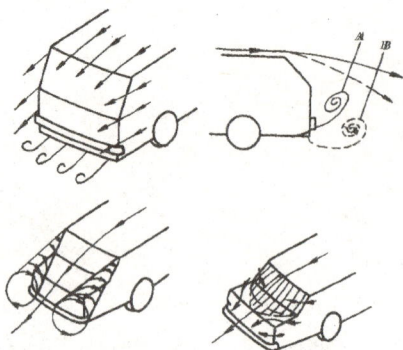

图 3-13　不同尾部外形汽车的尾流

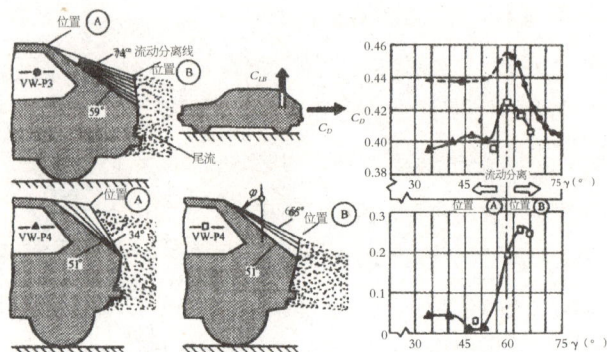

图 3-14　改变尾部倾角对气动阻力系数 CD 及后轴升力系数 CLR 的影响

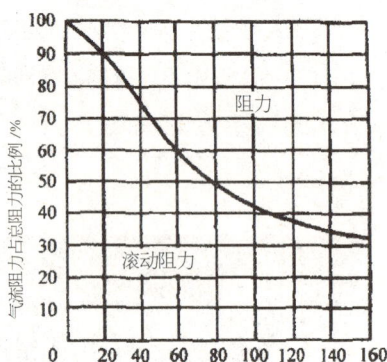

图 3-15　气动阻力占总阻力的比例

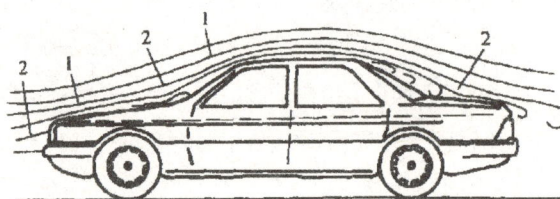

图 3-16　汽车的外部流场
1- 流线之间间距小；2- 流线之间间距大

3.2.2　与汽车相关的流场

与汽车相关的流场分汽车周围的外部流场，穿过汽车车身内部的流场以及发动机室及变速箱等机体内的流场三类。前两种流场是紧密相关的，例如：进入发动机室的冷却气流直接取决于汽车周围的流场，所以这两种流动必须同时考虑。

1. 汽车外部流场

汽车的外部流场使汽车受到力和力矩的作用，对汽车的动力性、经济性和操纵稳定性产生极大的影响。但直到不久以前，汽车空气动力学还只研究气动力和力矩效应。近年来，人们开始注意保持风窗和灯的清洁且不积存雨水、降低风噪声、防止刮水器上浮、制动器和油底壳冷却等的研究。通过流态分析，可以理解重要的流动过程，如气流在汽车车顶后缘发生分离，形成一个很大的滞区，以及车身尾部的气流分离过程。

图 3-16 表明某车形纵向中心断面的流态，其流动存在滞区，从图中可看出各流线之间不是等间距，而各流线之间间距的差异，表明了升力的来源。间距近，表明流速高，因此静压低，产生与汽车行驶方向垂直的纵向力（升力）。它是向上的，趋于提起汽车，从而减小有效载荷，随之产生的俯仰力矩，则造成前后轴荷的转移。

在纵向对称平面的气流中，在侧风中是非对称的，因此高速行驶的汽车采用轴对称的造型，能保持驾驶员应对侧风的风力和方向及时做出相应的调整，否则就有丧失生命的危险。

汽车行驶中灰尘和脏水被车轮卷起后，尘粒和水滴被紊流分散在整个滞区内，并粘在汽车的尾部，增大了汽车的气动阻力，因此汽车尾部的流态会相应地发生变化。在发动机和前风窗的凹区，流动是附着的，在这里压力升高，驱动冷却气流进入暖气和通风系统，而这点的压力还与车速相关。当车速升高时，压力也升高，使得维持室内气候不变非常困难。如果空气入口移到与环境气压相同处，则至少在气流对称状态下（没有侧风），可使内、外流场相互独立。冷却气流的出口必须在与环境压力相同处。

2. 汽车的内部流场

汽车主要的内部流场是通过散热器和发动机室的气流以及穿过驾驶室的暖气和通风的空调系统的气流，在有些情况下（如赛车）还有单独用于通向机油冷却器、制动冷却、发动机进气等导管的气流。

发动机冷却系的作用是散掉与发动机有用功大致相当的热量。汽车设计的发展，对冷却系设计有了更高的要求，由于水冷却比气冷却需要更大的冷却气流，而对冷却空气的要求是与发动机冷却形式相关的。发动机不断地提高功率，需要更大量的冷却空气；由于造型与空气动力学的需要，汽车的前端不断变扁，而使进气口变小，同时还将原来大而连续的进口面积分割成独立的小口；由于紧凑设计，留给发动机室内散热器和冷却气流导管的空间也越来越小；为考虑安全的车身前端的设计，使气流受到宽保险杠和横梁的障碍等，这些都是发动机冷却系设计面临的新课题。

为保证最佳的冷却效率，应尽量使散热器前面的气流速度均匀，同时要尽量减小由于气流在冷却导管中的动量损失而引起的气动阻力增加。当自然通风的空气流量不足时，必须用风扇来弥补，散热器和风扇必须匹配，冷却系的设计，应考虑消耗最小的功率，就可满足冷却气流的需要。穿过驾驶室内的气流保证足够的通风，使驾驶室内所有污染的空气和尘土排出，同时更新呼吸消耗的氧气。

3.3　汽车造型空气动力学

纵观汽车的发展历史，随着人们对汽车速度、美观性、安全性、舒适性和经济性要求提高的同时，也要求采用新材料、新科技、新结构来提高发动机的功率和传动系的效率，这就要求开发空气动力特性好的低阻汽车，这是降低汽车燃料消耗和提高最高车速的最有效的途径。

汽车造型与空气动力学的关系，将直接影响汽车的下列要素：

(1) 车速；

(2) 高速行驶的稳定性；

(3) 在侧风作用下，直线行驶的稳定性；

(4) 空气噪音的干扰；

(5) 汽车便民的泥尘污染。

经过 100 多年的探索，相同排量下如何使汽车行驶过程中的空气阻力最小以求加快行驶速度节约能量消耗，成为汽车造型设计中形态研究的重要参数。通常汽车速度越快，空气阻力也越大，从而消耗在克服空气阻力上的功率也就越多，提高车速与降低空气阻力具有二元对立性。根据测试，当一辆轿车以 80km/h 前进时，有 60% 的耗油用来克服风阻，而优雅流畅的流线性车身可以更好地降低风阻，进而汽车的形象语言向多种多样的流线性演变。

一般来讲，我们在马路上看到的大多数轿车的风阻系数为 0.28 ～ 0.4，流线性较好的汽车如跑车等，其风阻系数可达到 0.25 左右，一些赛车可达到 0.15 左右，而未来的泪珠形轿车的风阻系数仅为 0.10 左右。

3.3.1　汽车前端的优化设计

不同的前脸设计，就有不同的压力分布，致使前脸阻力系数不同，因此改善前脸的造型设计是降低气动阻力系数的重要途径。好的前脸设计，甚至可使其阻力系数变为负值。

从理论上讲，车的前端完全流线型最好，但在实际设计中却并不可能采用。图3-17是按流线型的设计原则，在设计中尽量采用圆棱角，使外形接近流线型，并减小车头部的正面投影面积，就可得到较好的空气动力学效果。

圆滑凸形断面的保险杠比有棱角的方形断面保险杠较不易产生涡流，同时向前延伸的保险杠可以减小阻力和升力，便于气流平顺流向发动机罩。

3.3.2 车窗倾斜及车身形状的空气动力学

1. 前窗倾角

气流在发动机罩上的流速很快，但当由发动机罩流向挡风玻璃时，受到阻力，气流流速变慢。在挡风玻璃的前缘气流分离，致使在挡风玻璃的下缘产生分离区。而后在挡风玻璃的上缘重新开始附着，人们根据空气动力学原理通过优化设计得出汽车的前窗倾斜角为25°~35°，汽车行驶过程中的空气阻力较小，其中夹角为30°左右时，C_D值最小（图3-18）。

2. 后窗倾角

受车尾部空气螺旋涡流的影响，当后窗倾角为0°~28°时，空气阻力先降后增，而且较低；

在28°到35°之间，空气阻力较大，而在30°时空气阻力最大；

在35°到90°之间，空气阻力逐渐降低。

为了最大限度地减小汽车阻力，后窗的长度和倾角都必须选取最佳值（图3-16）。

汽车后窗处尘土飞扬主要是由于车尾部垂直方向的气流造成的，因此通常在尾部采用流线型造型，并附加顶盖扰流板，尾部向内收缩，增加从侧面吹向尾部的气流。汽车高速运动时，车的前部会把气流分隔开来，一部分从车体的上方流过，另一部分从下方流过，导致车体上、下表面的气流速度不一样，即上方的流速大于下方的流速，从而导致向上的压力大于向下的压力。在极端情况下，如速度极大的情况下完全有可能使升力大于车体重力，那就会出现车体离地，造成发动机空转的情况，浪费燃油，有时甚至会出现危险，特别是在拐弯处。如果出现这种情况，就会出现汽车做离心运动的情形，造成车辆翻车的事故。因此顶部较平底部弯曲的扰流板设置，使它在高速的气流中上方的气流速度小于下方的气流速度，进而使上方的气压大于下方的气压，形成一个向下的压力，从而可以抵消车体本身运动所产生的升力，这就是尾翼（扰流板）的空气动力学原理。扰流板有效地减少了车辆在高速行驶时产生的空气阻力，既节省了燃料，同时也提高了车辆行驶的稳定性（图3-19）。

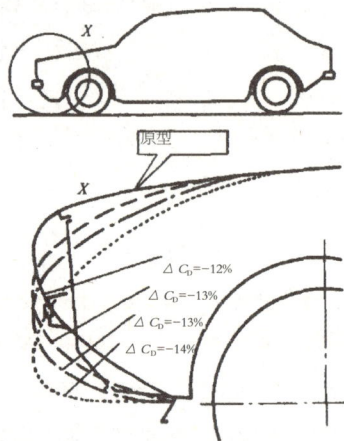
图3-17 汽车前端设计改进

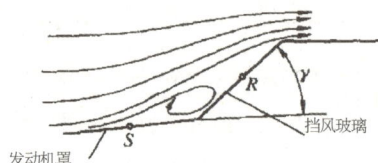
图3-18 发动机罩与前窗的夹角

图3-19 汽车扰流板

现在的一些旅行车、MPV、多功能车都是采用掀背式，大多数都会有一个鸭尾状的尾翼，既可以将车顶上的气流顺畅地导至车后，同时还利用了该气流将后车窗的灰尘清除掉，避免了因灰尘附着而影响到司机的后视野。

3.3.3　车身侧面形状的空气动力学性能

1. 车身侧面前、后柱周围区域的优化设计

试验数据表明，汽车前、后柱周围形状经过圆滑和收拢，可以防止流过这一区域的气流形成涡流，从而减小了阻力系数。

2. 侧窗嵌框对阻力系数的影响

侧窗框高出玻璃平面的程度越小，越能减小阻力系数。

3. 车身中部形状对阻力系数的影响

车身中部横截面骨顶部拱起对空气阻力的大小影响不大，因为它在减小空气阻力系数的同时，增大了迎风面积。

4. 汽车顶盖中部拱起对阻力系数的影响

顶盖前部应和前窗表面尽量圆滑地过渡，这样能减少涡流，从而减少空气阻力。

5. 车身突起物的平滑化

车身外表尽量减少凸凹面和突起物，如门把手平滑化，风窗玻璃、门玻璃尽量与框平齐，雨水槽采用隐蔽式，车轮加外护罩，外后视镜加流线型护罩。

由于平整光滑的车身底部可以降低空气阻力，可以在车身后部下面安装阻流板，防止气流通过车身底部向上翻卷，使上面顶盖下来的气流向下流动，同时也防止尘土附在后窗上。对于折背式车身，后扰流板的作用很小，采用底部后翘的办法更好。

3.4　汽车风洞测试

风洞（Wind Tunnel）即风洞实验室，是以人工的方式产生并且控制气流，用来模拟飞行器或实体周围气体的流动情况，并可量度气流对实体的作用效果以及观察物理现象的一种管道状实验设备，它是进行空气动力实验最常用、最有效的工具之一。

风洞试验是汽车空气动力学研究的重要手段。国外大型汽车制造公司，不惜耗费巨资建造大尺寸专用汽车试验风洞，以其作为开发高性能汽车的重要手段。这种实验方法，流动条件容易控制。实验时常将模型或实物固定在风洞中进行反复吹风，通过测控仪器和设备取得实验数据。

世界上公认的第一个风洞是英国人韦纳姆（E.Mariotte）于 1869—1871 年建成，并测量了物体与空气相对运动时受到的阻力。它是一个两端开口的木箱，截面 45.7cm×45.7cm，长 3.05m。美国的 O. 莱特和 W. 莱特兄弟在他们成功地进行世界上第一次动力飞行之前，于 1900 年建造了一个风洞，截面 40.6cm×40.6cm，长 1.8m，气流速度 40～56.3km/h。1901 年莱特兄弟又建造了风速 12m/s 的风洞，为他们的飞机进行有关的实验测试。

风洞的大量出现是在 20 世纪中叶。到目前为止，中国已经拥有低速、高速、超高速以及激波、电弧等风洞。汽车风洞有模型风洞、实车风洞和气候风洞等，模型风洞较实车风洞小很多，其投资及使用成本也相对小些。在模型风洞中只能对缩小比例的模型进行试验，其试验精度也相对低些。实车风洞则很大，建设费用及使

用费用极高。目前世界上的实车风洞还不多，主要集中在日、美、德、法、意等国的大汽车公司。气候风洞主要是模拟气候环境，用来测定汽车的一般性能（如空洞性能等）的风洞。国外的汽车公司在进行汽车开发时，其车身大都是先制成 1：1 的汽车泥模；然后在风洞中做试验，根据试验情况对车身各部分进行细节修改，使风阻系数达到设计要求；再用三维坐标测量仪测量车身外形，绘制车身图纸，进行车身冲压模具的设计、生产等技术工作。

初期的汽车空气动力学研究，是飞机技术人员业余时间进行的。他们发现汽车空气动力学在某些方面较飞机难得多。飞机是在没有任何障碍物的空气流中飞行，因此，风洞试验时只要把模型吊在风洞的中央，鼓风后用天平精密地测出模型上所受的力，就可以算出气动阻力系数等数据。但汽车是在道路这一静止的平面上运动，围绕汽车的气流极其复杂，仅仅把汽车悬在航空风洞中测定几乎不可能得到正确的结论。于是人们设计了各种把路面影响考虑进去的方案。

汽车工程中需要通过风洞试验解决的主要问题，归纳成下列几个方面：空气动力稳定性、升力、空气阻力、通风、气流噪声、污染、发动机和传动装置的散热、风窗刮水器的功能、汽车的气候环境适应性等。一般来说，一个风洞并不能解决所有问题，如前三项可在小型模型风洞或整车风洞中进行试验；但后几项则需要在整车风洞中才能进行，包括空气动力学风洞和环境气候风洞。

利用模型风洞可以完成部分汽车空气动力学试验，是基于下述相似件原理：如果一个与全尺寸实物几何相似的模型，在与实物试验具有相同边界条件的情况下，流态与实物将完全相似（动力相似），它所受到的各种气动力与实物上的成一定比例。

环境气候风洞又称全天候风洞，它在模拟各种环境气候条件下对汽车进行试验，包括控制空气的温度和湿度，以及模拟雨、雪、太阳辐射等，这类风洞一般对流场的模拟较为粗糙，适合于研究在极端气候条件下车身和其他零部件的其他一些使用特性，如防水密封性、车窗玻璃的污染情况、部分零部件的老化情况、汽车空调的性能、电子元器件的性能、发动机冷却和起动性能、风挡玻璃的除雾除霜性能以及冰冻在个同部件上形成的情况等。

在环境模拟风洞发展的初期，各国风洞一般模拟其本国的气候条件，随着汽车市场的全球化，工况范围逐步扩展，目前各国风洞的温度范围一般为 −40℃～55℃，湿度范围为 10%～90%，最大太阳辐射强度约 1200W/m^2，基本上覆盖了全球的气候条件。

世界各大汽车及零部件生产厂一般均有自己的环境模拟风洞，有的还拥有多个风洞，日本的 DENSO 公司就拥有 6 个环境模拟风洞，其中 5 个为高低温风洞，1 个为高温风洞。国内汽车环境模拟室不少并且其数量有上升的趋势，由于风洞的投资较环模室更大，国内目前数量还很少。中国规模最大、实力最强的空气动力学试验研究机构，承担了大量武器装备研制和航空航天技术的风洞试验任务。

汽车风洞中用来产生强大气流的风扇是很大的，比如奔驰公司的汽车风洞，其风扇直径就达 8.5m，驱动风扇的电动功率高达 4000kW，风洞内用来进行实车试验段的空气流速达 270km／h。建造一个这样规模的汽车风洞往往需要耗资数亿美元，甚至 10 多亿，而且每做一次汽车风洞试验的费用也是相当大的。

梅赛德斯 - 奔驰 CLA 运动轿车（图 3-22），在车身 A 柱的造型与角度、外后视镜形状、进气格栅的弧度、尾部造型甚至尾灯的弧度上对于空气动力学的大量实验，配合轮拱罩上的锯齿轮扰流器和车底密封处理，最终使梅赛德斯 - 奔驰 CLA 运动轿车以 0.23 的风阻系数，屹立全球量产车风阻冠军地位。

位于德国慕尼黑附近的风洞是宝马建立的第二个风洞试验中心（第一个风洞试验中心位于德国的

Aschheim），它是花费了 3 年时间并投资 1.7 亿欧元建成的，可以供 500 名员工在这里工作（图 3-21）。而这个新的风洞相比之前的风洞来说，不仅仅可以对 1 ：1 的真车进行相关测试更可以进行等比车模测试以及模拟各种复杂路况对车形进行测试。于这个新建成的风洞实验室来说，它最重要的任务就是研究车辆的空气动力学，而通过研究车辆的空气动力学减小风阻，就可以寻找并解决提高动力和节省燃料的方法。因为风阻降低 10% 就可以减少 2.5% 以上的耗油量，看似这"一点点"的改进尽管并不显著，但是作为提高效率的总体配套技术的一部分，对一款车来说也是不小的进步。

　　而为了能实现以上的要求，宝马这个新建成的风洞实验室最大的特点就是能够以现实条件研究车辆的空气动力学。这样的研究是不仅可以让被研究的车形有不同的速度，还可以让被研究车辆在不同的行驶状态，比如弯道驾驶，甚至是车身外观发生变化，如车身变脏的情况下进行车辆空气动力学的研究。

图 3-20　梅赛德斯－奔驰 CLA 运动轿
　　　　车风阻测试

图 3-21　宝马集团空气动力学测试中心

4

汽车作为一种划时代的现代工业产品，从诞生起就被赋予了人类的价值观、生活形态、情感需求等，折射出了不同时代、不同人群的审美取向。汽车本身造型是随着汽车工业的发展而逐渐发展起来的，由早期对汽车车身简单的装饰工作逐步发展成为探讨车身的整体艺术形象、研究和利用各种日新月异材料的装饰性能及生产方式的学科，同时逐步权衡车身造型对整车结构、性能和工艺的影响。

4.1 汽车造型的性质和特点

从字面上看，造型就是塑造形体或者是指创造出来的物体形象，作名词时可理解为与形态相近的意义。《辞海》中的解释为"用一定的物质材料塑造可观的平面或立体的形象。"形体占有空间，可以被视觉和触觉感知。例如，一件绘画、雕塑、产品……都是造型的一种。

1. 汽车造型的地位及性质

汽车造型设计师车身设计的最初步骤，是整车设计最初阶段的一项综合构思。在汽车总布置和车身总布置设计完成后，汽车的尺寸和基本形体就大致可以确定下来，接着就要进行汽车造型。

汽车造型设计师根据汽车整体设计的多方面要求来塑造最理想的车身形状，是汽车外部和车厢内部造型设计的总和。它不是对汽车的简单装饰，而是科技和艺术技巧高度融汇交织的结晶过程。在汽车造型中，既要考虑汽车的功能、材料、工艺和结构等功能方面的因素，也要考虑汽车这一产品符合所扮演的象征角色，从文化、心理、社会以及美学等多方面的因素加以综合分析。汽车造型的最终目的是吸引和打动受众，使受众由审美鉴赏上升为对产品内容更为深刻的理解，并由此产生使用和占有该产品的欲望。现代汽车造型最终要提交一个数字化的外形模型，这个只在计算机中存在的模型将作为车身结构设计、冲模设计等工艺环节的依据，并对这些后续设计开发环节的提前开展和并行工程的实施等均有重大影响。

因此，汽车造型虽然是车身设计的最初步骤，但确实决定汽车命运的关键。现代汽车造型成了促进汽车销售的重要竞争手段，受到制造商高层领导的极大重视和社会的普遍关注。

2. 汽车造型的特点

汽车造型相对于普通家电和小产品的造型设计来说，具有复杂和稳定的特点。具体地来说表现在以下几个方面：

（1）汽车造型要求的高功能性，造成了汽车造型的复杂化。

汽车的存在方式决定了它是以功能为先导的。首先，它要满足人们行驶出行的目的，其次才是造型美观和心里诉求的问题。汽车在高速行驶的同时不仅要保证人们的生命安全，还要满足行驶过程中衍生出的种种需求，如遮风挡雨、携带行李、照明甚至隔音、隔热、降低疲劳感等。因此，汽车造型必然涉及空气动力学、人机工程学、各种工程技术、各种材料的工艺学、经济成本、商业性心理学等多个学科。要平衡如此多功能性、技术性的因素，汽车造型势必是一件非常复杂和精巧的工作，而且其机能语义必须尽量准确、单一以减少误操作的发生。

（2）汽车造型受社会、文化等意识形态的影响更大，具有更加强烈的象征意义。

汽车造型具有复杂的感情色彩，充满了功能性与象征性之间的相互作用。从马车时代开始，交通工具就不仅仅是人们的代步工具了，更是由于其不菲的造价和极高的艺术性，承担起了展示拥有者身份、地位和审美、价值取向的角色。因此，汽车的象征语义也更加强烈和复杂，如红旗轿车除了具有政治地位的象征意义外，还具有传统价值和民族自尊方面的象征语义。

（3）汽车造型具有相对稳定性。

在汽车的发展历史上，曾经出现了几款十分经典的车形，例如德国大众的"甲壳虫"、法国的雪铁龙"2CV"、英国的"奥斯汀·迷你"都是畅销几十年的汽车，其他产品很难有如此旺盛的生命力。

汽车形体作为一个整体符号语义，是由各部分组合起来的。每个局部造型是整体造型的重要环节，起到一定的承接作用。局部造型是整体车造型的延续和发展，体现了整体设计的语义精髓，又在细节处拓展出具体的设计思想。一个优秀的汽车造型方案是远观整体、近览局部，形成"起伏各不同"的视觉层次，每进一步都会吸引新细节视觉展现，丰富了汽车造型的内涵。

4.2　汽车形式美的基本规律

4.2.1　形式美的概述

在人类发展的历史进程中，人们也无时不在追求对具有美感形态的创造。从新石器时代的彩陶到现代陶器，从中国的古代建筑到现代建筑，无不包含具有不同时代特征的美的生活空间。不同时代的人为形态的美的形式与人们的审美观念有关，从同时代的作品可以看出人们的审美情趣。

汽车设计要求符合产品的通用化、标准化和系列化，显示尖端科学要求的高级功能美，符合人机工程要求的舒适美，反映科学性格的精确美，体现先进工艺手段的工艺美，现代光学要求的色彩美，尺度比要符合新数理逻辑理论的尺度比例美，标志力学最新成就的结构美，表现新宇宙观的和谐美，应用最新材料的材质美。这些要求的实现，都必须应用相应的材料，从工艺结构等方面进行综合考虑。

汽车形态对现代人的生产、生活至关重要，它不仅满足了人们生产、生活的物质需要，同时，汽车形态表现出来的形式美感，无时不在影响着人们的感情，陶冶情操。美感是指人对美的认识和由此而引起的情感活动。美是客观的，美感是主观的，美感是美的反映。

形式美是自然、社会和艺术中各种感性形式因素（色彩、线条、形体、声音等）的有规律组合所显现出来的审美特性。形式美是人类在长期的生产劳动实践，包括审美创造和审美欣赏活动基础上形成和发展起来的。美学史对形式美的探讨中，古希腊的毕达哥拉斯提出"美在于各部分的比例对称"；柏拉图认为球形、圆形最美；荷迦兹认为"蛇形线"是最美的线条。

一般来说有点、线、形、面、体、色彩、光线、声音，此外，还有味道、气味、温度、触压等。节奏和旋律就成为声音这一形式美的重要构成因素。在现代美容医学中，音乐疗法已成为一种有效的医疗手段和美容疗法。因为音乐是对客观事物的情感的抒发，不同的情感又形成了不同的节奏和旋律，例如高、低、强、弱不同的声音可表现出激昂、深沉、振奋、柔和等情感，纯正舒缓的声音可使人心情愉悦。正如黑格尔所说"音乐是心情的艺术，它直接针对着心情"。汽车行驶中发动机的低鸣声、噪音、轮胎和地面摩擦的噪音还有风燥的声音，都能让人判断汽车状况、路况等，产生人车机的交互。

审美意识既有客观的社会标准，又有个性差异。一般认为审美标准产生于人类的审美实践，由于美的现象的异态纷呈，极难定出一个可以涵盖一切的统一模式，具体的审美对象还应有具体的审美标准。

4.2.2 汽车形式美的基本规律

汽车设计中的形式美有一定的规则可循，有尺度与比例、对称与均衡、安定与轻巧、对比与调和等。

1. 尺度与比例

古代宋玉所谓"增之一分则太长，减之一分则太短"就是指比例关系。中国画很讲究事物各部分比例的匀称。人物画有"立七、坐五、蹲三"之说，这是用人的头部作尺度来定出人体三种基本姿势的身高比例；山水画有"丈山、尺树、寸马、分人"之说，要求对各种景物之间的比例关系作合理安排。

黄金分割是公元前6世纪古希腊数学家毕达哥拉斯所发现。一天，毕达哥拉斯从一家铁匠铺路过，被铺子中那有节奏的叮叮当当的打铁声所吸引，便站在那里仔细聆听，似乎这声音中隐匿着什么秘密。他走进作坊，拿出一把尺量了一下铁锤和铁砧的尺寸，发现它们之间存在着一种十分和谐的关系。回到家里，毕达哥拉斯拿出一根线，想将它分为两段。怎样分才最好呢？经过反复比较，他最后确定1∶0.618的比例截断最优美。

汽车操纵手柄、旋钮、控制台等，虽然种类不同、用途不同、使用环境不同，但这些产品的基本尺寸是较为固定的，与机器本身大小无关，因为它是与人体功能相适应的。产品再大，手柄尺寸大小却基本不变，因为它只能与人手的大小相适宜。如果手柄的大小，按形体的比例放大或缩小，就会造成手柄的形体过大或过小。这样不仅不适于操作，而且不符合人的尺度感觉。

2. 对称与均衡

（1）对称形式

对称，是自然界常见的一种平衡方式。例如，人体的正面形象为左右对称形式，脊椎动物是以脊柱为对称的形体，昆虫的形体也是对称形式。对称，是人类发现和工程中运用最早的形式法则，这种传统形式广泛地应用于建筑及工业产品造型中。汽车、火车、飞机等的正面形体采用左右对称形式造型（图4-1）。

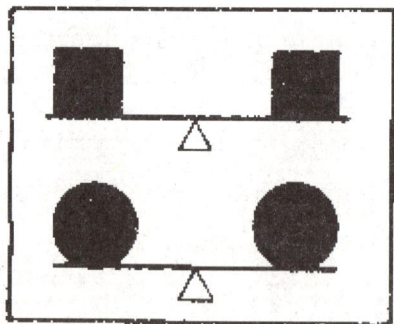

图4-1 对称

对称，能取得良好的视觉平衡效果，给人以庄重、严肃、规正、稳定的感觉。汽车、火车、飞机等高

速运动的产品，采用对称形式造型可使人增加运动中的平稳感和心理上的安全感，保持动态中的平衡。对称形式造型具有一定的静态美和条理美，但对称形式易使人的视觉停留在对称线上，产生静感和硬感，在心理上易给人以单调、呆板的感觉，所以在应用对称形式造型时应加以注意。

（2）均衡形式

均衡是不对称的平衡方式，它来源于力学的平衡原理。均衡与对称形式相比较，对称是以对称轴线或对称平面表现出的平衡方式，而均衡是依支点表现出的平衡方式（图4-2）。

图4-2　均衡

工业产品的均衡表现为以产品上某一元素为支点，使相对端呈同量不同型或同型不等量形式构成的视觉平衡形式。均衡的工业产品造型具有一种静中有动，动中有静的美的秩序，表现出生动的条理美、动态美。均衡效果好的产品具有灵巧、生动、轻快的特点，富有趣味，富有变化，能取得生动感人的艺术效果。汽车的前后部造型的变化，给人以静中有动的生动美感，同时具有均衡效果。

3. 安定与轻巧的概念

（1）安定

安定是自然界物体的一种自然属性。自然界的物体，为了保持自身的稳定，靠近地面的部分往往重而大。安定的工业产品造型，能增强使用中的稳定性、可靠性、安全性，给人以稳重、安全的感觉。不安定则使人感觉动摇，甚至给人以紧张、危险的感觉，汽车作为体积庞大的危险用品，给人以安定的感觉尤为重要。

安定的造型主要包括两个内容，即实际安定和视觉安定。

①实际安定是指产品的重心满足在使用中安全稳定的要求，这是所有工业产品必须具备的基本特性。在汽车的结构设计中，应解决实际安定的问题。

②视觉安定是指产品的外部形态看上去具有安全稳定的感觉，满足视觉上的安全感。在汽车的外形设计中，着重考虑解决视觉安定的问题。

在汽车整体的造型设计中，应做到实际安定与视觉安定两者兼顾。

（2）轻巧

轻巧的造型，能给人以轻松、灵巧的视觉效果，可增加生动、亲切感。安定与轻巧是工业产品造型美的对立统一的两个方面。粗短的形体给人以安定的感觉，但缺乏轻巧感；细长的形体，具有轻巧俊俏感，但缺乏安定性。因此妥善处理产品的造型，得到既有安定效果，又有轻巧的直观感觉的效果，是工业造型设计师匠心所在。

物体重心越低，越显得安定。扁平的形体、下大上小的形体，有良好的安定效果。对于重心低而扁平的产品进行形的处理，减小其底部的面积，可取得轻巧的造型效果，从而具有轻巧俊俏的美感。

图4-3　兰博基尼 Aventador

　　对于重心高的形体，增加其底部形体的面积，可减少其不稳定性，增加造型的安定感。低底盘的汽车距离地面的高度较低，稳定感较强，转向侧倾时容易控制，性能好的车辆，有气动悬挂，时速低时底盘高，时速高时底盘自动下降（图4-3）。

　　4. 对比与调和

　　在产品造型中，为了使产品造型主次分明、重点突出、形象生动，常常采用对比的技法。所谓对比就是对某一部分进行重点处理，突出地表现其强调的部分。调和是对造型中的构成要素进行统一的协调处理，使造型给人以协调、柔和的美感。

　　对比与调和的形式只存在于同一性质的因素之中，如形体的大小；形状的方、圆；线型的曲、直、粗、细；方向的垂直、水平、上下、左右；色彩的冷暖、明暗；材质的粗糙、光滑等。不同性质的因素之间不存在对比与调和的关系，例如线型与颜色就存在这种关系。对比与调和是相辅相成的，对比可使得造型生动，个性鲜明，避免平淡；调和可使得造型柔和亲切，避免生硬杂乱。

　　（1）线型的对比与调和

　　线型的对比与调和主要是指造型的轮廓线的对比与调和，对比表现为曲与直、粗与细、长与短、连续与间断、倾斜与垂直等（图4-4）。

图 4-4　线型的对比

　　把不同类型的线条组织在同一产品中，以一种线型为主调，局部地运用与主要风格有差异性的线型起对比和衬托作用，可使造型主、次分明，既表现了主要风格，又富有变化。

　　（2）体量的对比与调和

　　造型物上体量的对比表现为大与小、方与圆等形体的对比。

　　（3）方向的对比与调和

　　造型中方向的对比表现为垂直与水平、高与低、直与斜、集中与分散等。运用垂直和水平方向的立面或线条来构成对比，在造型中用得较多。图4-5a所示为垂直的线条，给人以挺拔的感觉；图4-5b所示为水平线条，给人以沉稳的感觉，但因其各自单调一致，而显得呆板、乏味。图4-5c中主体是垂直方向线条，粗的水平横线与之形成对比，上部以空旷处理表现为调和，给人以舒坦的感觉。图4-5d所示是垂直方向线条和水平方向线条构成对比，并分别集中于左边与下边，与空旷部分形成对比。由上所述，图4-5a、图4-5b为单纯调和，图4-5c、4-5d中有调和又有对比。比较其效果，因4-5c、4-5d立面造型给人以生动、大方、活泼的感觉，其视觉效果比前两种好。

　　图4-5e为美国灰狗汽车，整体造型为长方体，在车身上绘制横向的线条，既代表速度感，又与玻璃窗的竖向方框形成对比。整个车身的正面为竖向的长方形与下部的横向长方形为调和关系，形成了竖、竖调和、横、竖对比的风格，使造型生动自然。

　　（4）虚实对比与调和

　　虚实对比表现在形体之间凹与凸、空与实、疏与密、粗与细等。实的部分常为重点表现刻画的主题，虚的部分起衬托的作用。在虚实对比中，强调实的部分，具有稳重大方的特点；强调虚的部分，则产生轻巧、活泼的效果。

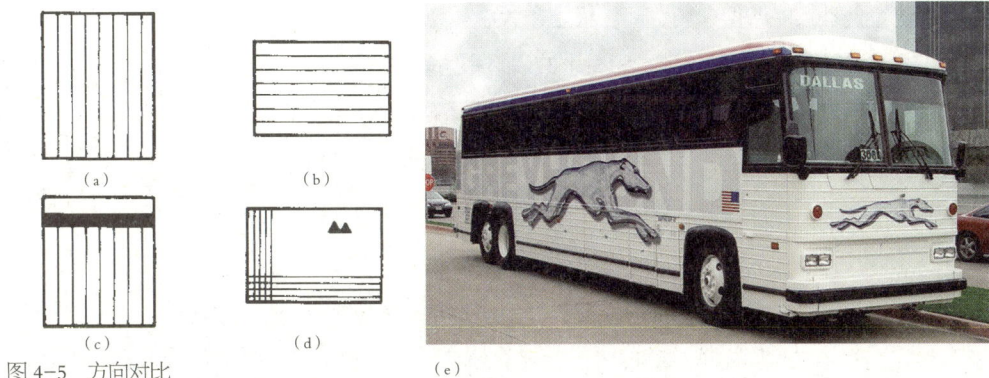

图 4-5　方向对比

（5）质感的对比与调和

材料质感的对比与调和表现在天然与人造、有纹理与无纹理、光滑与粗糙、细腻与粗犷、坚硬与松软等方面。汽车车身的金属材质、车灯的玻璃材质以及汽车轮胎的橡胶材质组合，形成软与硬的对比。

（6）色彩的对比与调和

色彩的对比与调和，主要表现在色彩的浓淡、冷暖、明暗、进退、轻重等方面。

在造型中，应充分利用不同的色彩明度、纯度所产生的对比效果来丰富造型特征，合理运用色彩的对比手法，对丰富造型的风格，突出重点，赋予造型以新颖、悦目、明朗的视觉效果等方面均能起到较为显著的作用。

色彩的调和，是把不同的色彩组合在一起，给人以和谐、统一、秩序、条理的感觉。色彩调和，包括纯度调和（同色相同明度）、明度调和（同色相同纯度）、色相调和（同明度同纯度）等。恰当处理色彩对比与调和，要避免色彩过于统一而产生单调乏味的倾向，又要避免色彩杂乱，或产生过分刺激的偏向，使产品产生统一协调生动的美感效果。

5. 过渡与呼应

（1）过渡

过渡是在造型物两个相邻的形体、面或色彩之间，采用逐渐演变的形式把二者联系起来，以取得和谐的造型效果。

如图 4-6a 所示，物体上的面与面为直接转折，没有其他面来作过渡，表现为棱角清晰，轮廓线肯定，给人以尖锐、锋利的感觉，令人生畏，缺乏亲近感。如果面与面之间用平面或曲面作为过渡，就会产生感觉柔和亲切的效果，如图 4-6b、图 4-6c 所示，通过小的斜面或较小的圆弧面过渡，不仅感觉柔和，而且轮廓线清晰、肯定，是用得较多的一种

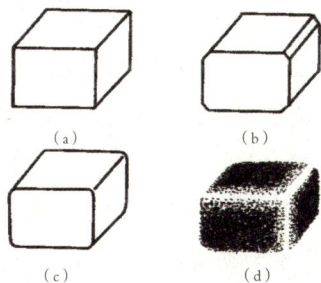

图 4-6　过渡与呼应

过渡方法。如果采用较大的弧面过渡，由于圆弧面的半径较大，虽然很柔和，但轮廓线模糊，没有肯定性，因而产生软绵、缺乏力度的印象，甚至产生臃肿的感觉，如图 4-6d 所示。因此，在形体设计时，应根据形体面的大小，恰当选取过渡面及过渡圆弧的大小。汽车的车身造型一般都采用或大或小的弧度转折，使人产生柔和、亲切的视觉感受，同时避免于高速行驶中碰撞产生的危险性。

（2）呼应

呼应是在产品造型的对应部位（如前后、左右、上下等），利用"形"、"色"、"质"的某些相同

或相似的特点进行处理，以取得它们之间在线型、大小、色彩及质感等方面的艺术效果的一致性，产生心理和视觉印象上的联系和位置的相互照应，使整体造型取得和谐、均衡、统一的效果。

图 4-7 所示为小轿车的造型，这两种车的前脸和尾部的形体处理都能前后相互呼应，使整车具有协调一致的统一感，增强了形体美。

图 4-7　呼应

6. 节奏与韵律

音乐之所以悦耳动听，是因为音乐具有节奏与韵律美。节奏与韵律也是产品形式美的内容之一。产品造型的节奏与韵律是指造型的某些要素作有规律的变化、重复。钟表的刻度为有规律的变化重复，围绕中心呈有条理、连续形式的节奏，计算机键盘上的按键呈有规律、有秩序的排列，表现出节奏、韵律美。

音乐所表现出的节奏为时间性的节奏，而产品造型艺术上的节奏，则是随空间形体的广延而表现出来，形成空间性的节奏。产品的造型艺术，运用某些造型要素作规律的变化或有规律的重复，如造型中的形体、线型、色彩、肌理以及方向、大小等有规律的变化或有规律的重复，在空间产生一种美的节奏与韵律，取得造型上的联系与呼应，获得造型整体和谐一致的效果。

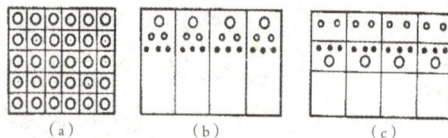

图 4-8　仪器面板造型中旋钮的排列

产品的节奏与韵律是人的视觉感受，因此，造型中美的节奏与韵律必须符合人的视觉习惯，产品造型有规律的变化与重复，把节奏与韵律巧妙地结合起来，产生抑扬顿挫的视觉效果，能给人带来心理上的愉快和美感。

在处理造型的某些结构时，采用变化的节奏、交错的韵律，能得到良好的视觉效果。图 4-8 所示为仪器面板造型中旋钮的排列。图 4-8a 中的面板旋钮大小一致、均匀排列，显然死板、乏味，视觉效果不好。如果按照图 4-8b、图 4-8c 中的方式，在旋钮的大小、形式、安放位置和面积分区划分方面加以适当变化，使其在一定重复的基础上又有节奏的变化，则可改变死板、乏味的表现形式。因图 4-8b 中的节奏为等距分隔的形式，韵律为从上到下按相同的渐变规律排列，虽然育较强的秩序感，但因缺乏变化而显得单调。图 4-8c 在水平方向上，用两条水平隔线进行面积分割，使分组面板的面积感产生变化，再将旋钮由上而下按中、小、大的交错韵律安排，使得仪器面板的整体效果既有整齐、规律的节奏感，又富有变化的韵律感，视觉效果比较生动协调。

7. 重点与一般

产品整体造型是由产品的各个组成部分按一定的排列方式结合而成的。造型的各个部分的功能、结构方式、构形繁简及所处的地位也是各不相同的。因此，在造型中应妥善处理重点与一般的关系，对各部分的体量大小、形状、线型、色彩、质感和装饰等方面进行分析比较，在处理手法上应做到重点突出、轻重分明。如果主从不清、轻重不分，会使造型缺乏鲜明的主题与生动活泼的感染力，艺术效果平淡乏味。

在产品造型中运用突出重点的手法，主要是指对于造型物主体部分加以重点的表现和刻画，对于主体部分的体量、形状、线型等方面进行比较细致的研究和描绘，使其显示出较高的艺术表现力。而对于一般或次要的部分仅作普通的处理，使其在符合形体统一的原则基础上，能起到烘托或陪衬主体的作用，使主体突出、生动而又与整体协调。

在突出重点、有主有次的处理方式下，造型各部分的艺术效果自然存在着不同的差别，反映在造型的形态上，形成了统一格调下的变化。

在汽车造型中突出重点的手法有以下几种：

（1）运用形体和线型对比突出主体。在一定的条件下，可用比较突出的体量和比较复杂的轮廓形态突出主体。

（2）运用色彩、材质的对比突出主体，使主体鲜明。

（3）采用特殊的外观件和装饰件来强调重点。

（4）利用造型中的方向性和透视感等因素，引导人们的视线集中于主体。

重点处理是造型中常用的手法之一。如果运用恰当，可以增强造型物的艺术感染力，突出产品的功能特点，丰富造型的形象。但在处理中，应注意重点的恰当选择，在同一个产品造型中可以有若干个重点，但要有主要的重点相辅以第二、第三的重点之分；同时应注意重点不能过多，因为过多的重点不仅造成形体混乱及结构不合理的现象，而且增加不必要的制造成本，在造型效果上反而不能突出重点。

美的形式法则是人类的审美积淀，是社会实践中总结出的形式规律。汽车造型设计中同样涉及"变化与统一"、"对比与调和"、"对称与均衡"、"比例与尺度"、"节奏与韵律"等形式法则的运用，最终让人们在使用或者观看中引起心理愉悦感。

4.3　汽车造型设计分析

汽车的头部设计是汽车设计的重要组成部分，设计师在提炼汽车象征角色的时，要考虑受众者的感悟能力和视觉上产生的共鸣。头部造型最容易反映汽车的个性特征以及汽车所具有的"神态表情"，以下介绍头部造型设计几个元素。

1.汽车"前脸"造型设计

汽车"前脸"设计，也就是汽车的面罩，最具代表性，通常体现汽车造型风格传承和品牌特性造型元素。各汽车厂商的面罩设计都有本企业的独特风格，历经数十几年的更新换代，仍具较高的辨识度和鲜明的造型风格。例如奥迪汽车的倒梯形面罩（图4-9）、宝马汽车的双肾形水箱面罩格栅（图4-10）。

"前脸"在汽车头部造型中占很大部分视觉吸引力，因此对车身整体效果有很好的对比和衬托作用。"前脸"的位置分布使其形态趋于平面化风格，分割比例就尤为重要，奥迪"倒梯形"（图4-9）与布加迪 Gangloff 概念车（图4-11）"大嘴"造型车格栅造型趋势，将前脸纵向分割为三大块，突破了传统的

图4-9　奥迪倒梯形面罩　　　　图4-10　双肾形水箱面罩格栅　　　　图4-11　布加迪概念车"大嘴"造型

横向分割，上部是格栅、大灯，下部是保险杠。

汽车"前脸"体现汽车形态的思想精髓的主要部分，如果说汽车的头部与生物脸部具相似性的特征，那么汽车的"前脸"就好比动物的脸部上的器官——口鼻。有些车的前脸像小动物的嘴巴，有的像鲸鱼的嘴巴，让人觉得十分可爱（图4-12）；有些车的面罩像猛兽一般，有一种威猛凌厉之感（图

图4-12 可爱造型的面罩   图4-13 凶猛造型的面罩

4-13）。针对其独特的造型效果，设计师在进行语义编码的时候，就可以将自己头脑中的主观形象赋予汽车产品，从而唤起消费大众相似的知觉和体验。

2. 车灯

车灯的主要功能是照明和指示信号，因此车灯按其功能可分为两大类：第一类是照明灯，包括前照灯、前雾灯、倒车灯、侧照灯等；第二类是信号车灯，包括制动灯、示宽灯、转向灯等。其中前雾灯和倒车灯既有照明功能又有指示信号的功能。前大灯一般为组合式大灯，形成多种功能，如图4-14所示。

车灯是汽车形体的重要组成要素，构成汽车漂亮外形造型的重要元素之一。其中前大灯往往是整车造型中最传神、最生动的要素，能充分体现设计师的主导设计思想和精髓所在，甚至关系到整车造型的成败。如果我们把汽车的"前脸"比作是动物的口鼻，那么前大灯就是动物的心灵的窗户——眼睛。前大灯有点睛之笔，传达汽车的神情和精神，更能传达设计师所表达汽车设计情感。

车灯的造型设计要点具体在三个方面。

（1）车灯的外轮廓线的设计：在勾勒车灯的外轮廓线时，必须要与整体车身线条的曲直转折是协调统一的关系，从而使之保持整体线条的高度流畅，使其富有极强视觉上的冲击力和吸引力。

（2）车灯的表面曲面处理：车灯的曲面处于车的"前脸"和汽车侧面的交汇处，因此只有处理好这些面的转折关系，使之融合在一起，才能设计好车灯的形状。现代的车灯设计基本趋势是把车灯表面和整体车形外表面结合起来，车灯的形体和表面多显现出曲面的转接关系，使其表面与"前脸"发动机面罩、前翼板等相接、延续、呼应。图4-15中车灯的曲面有向后的趋势，灯的轮廓线与车的侧面主线相连接并向后逐渐消失，体现不同面线与线之间的相互延伸、呼应、缓和处理。

图4-14 组合前大灯   图4-15 车灯与整体车身线的协调   图4-16 汽车保险杠设计

（3）车灯的内部布局与效果处理：前大灯通常由近光灯、远光灯、转向灯、示宽灯组成。有些车还会

把前雾灯和透光镜装在一起，所以会造成车灯的造型布局难度。这就要求设计师们在设计车灯时应充分考虑车灯的外形轮廓以及内部光源的布局、反射镜等结构上的处理。

3. 保险杠

保险杠，毋庸置疑是用来增加汽车危险碰撞时的安全系数。由于保险杠安置在"前脸"比较凸显的地方，因此就加大了对整体造型的相对难度。保险杠的结构也比较复杂，在上面不仅要有空气扰风板与风孔以及前大灯、牌照架的布置（图4-16）。

在现代造型趋势中，保险杠作为独立的设计概念已趋于弱化了，保险杠的形体已经和面罩、发动机罩、翼板的形体不断融合在一起，使车的造型更加流畅、和谐统一。

4. 后视镜造型设计

后视镜具有很强的功能性，用来观察车后的情况，以保证汽车行驶过程中的安全性能，在车身要对其位置和反射范围进行核对，才能考虑后视镜的造型因素。

如果汽车的"前脸"像动物的口鼻，那么后视镜就像是动物的耳朵，用来传达信息，也是整车身的细节设计，具有锦上添花的造型效果。整车身设计的造型是线条流畅、曲面平滑，后视镜的设计可以是长方形、圆形、椭圆形。圆润曲滑的视角，其流线型的壳体可以降低空气的阻力，整体要与之相呼应。

5. 尾部造型的主要内容

汽车的尾部造型设计和"前脸"头部设计要相呼应，此外尾部设计越来越多的也被赋予人性化的设计语义。成为汽车的里外一张脸，尾部的局部设计也趋于精致化。尾部设计其功能主要是为了提高汽车的动力，制动灯、停车灯、后雾灯、转向灯、示廓灯等更加丰富了尾部的功能。现代尾部汽车设计，尾部凹凸有致，曲滑顺畅，向上翘起的趋势，有一种阶梯的层次感，造型与整体车身统一融合。汽车的尾部设计主要包括扰流板、导流板造型设计、汽车行李箱设计及尾部车灯设计等（图4-17）。

图4-17　新宝马MZ8概念车的尾部层次感设计

（1）扰流板设计

当汽车在高速行驶时，会受到空气的阻力，尾部造成较大漩涡，漩涡会减缓车速和不稳定性因素。在满足空气动力学的同时，在汽车尾部安装了扰流板。扰流板一般安装在汽车后窗的上沿或行李箱上沿，在减少阻力的同时，也给汽车增加了动感。

在现代汽车造型中，扰流板的设计首先要符合空气动力学的原理；其次是要与整体汽车设计的造型风格形态保持一致的原则。

（2）行李箱设计

由于行李箱在汽车尾部占了较大的视觉面积，从而也影响了尾部的造型风格，在功能上可以分为两种：第一种是整体式，行李箱和后车窗连成一体，尾部的车厢可以一起掀开，造型饱满圆润，其车内空间要大于三车厢。两厢车也因此具备使用灵活、用途广泛的特点。两厢车的后排座椅通常可以折叠甚至放平为地板，行李厢容积可大大超过三厢车用以运载大型物件（图4-18）。第二种是独立式，行李箱与后车窗独立开来，这种三车厢造型稳重大方，极富立体感（图4-19）。

4-18 两厢车的尾部造型设计

图 4-19 三厢车的尾部造型设计

（3）尾部车灯设计

汽车后制动灯需要设计得比较鲜明，如设计不当会造成追尾事故。汽车尾部车灯造型最合理的是采用大面积的长方形，长方形红灯造型的可见度比圆形和三角形红灯可见度更强。汽车尾灯一般分为三组，通过不同颜色的灯具来保证车辆行驶的安全有序：一组红灯光波最长，颜色光中穿透力最大，在信号灯中表示警告、危险都用红灯，即使在很远的地方也能看得见，用于刹车；一组黄灯是仅次于红光的有色光，用于指示、警告，表示转向；一组白灯表示倒车，是小型照明灯，与其他信号灯组合在一起。虽然尾灯造型的风格各有不同，但都必须满足其基本功能的实现，表达不同的功能的造型语义。

图 4-20 几组灯具结合形式

尾灯的造型要点类似于头部的前大灯，灯表面的曲面变化也是和整车造型曲面相辅相成的。现代尾灯的造型趋于在连续的转折曲面上直接勾勒出尾灯的形状，如长方形、圆形、几组灯具组合在一起（图4-20），独立分布（图4-21）。

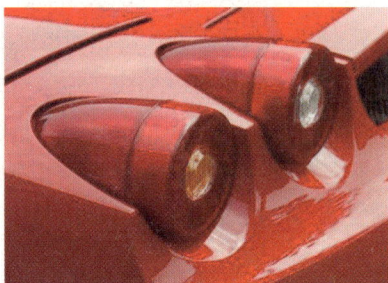

6. 外部细节造型内容

车身外形的细节设计一般包括以下几个元素。

图 4-21 几组灯具的独立分布

（1）装饰条（护条）

在现代汽车的车身上，常常镶有由橡胶或硬塑料制成的护条，是防止车身擦碰的安全部件，实际上也是一条装饰条。具有以下几个功能：

①纠正汽车比例不匀称的感觉；

②强调动感；

③使汽车整个艺术形体的明暗布局更加完善；

④强调动感；

⑤作为两种色彩的分界，在色彩起承上启下过渡的作用。

装饰条的种类和颜色很多，比较常见的是黑色胶条和镀铬金属条。黑色装饰条可以增加汽车的稳定感和整体感；而电镀条则增加了汽车的现代感和豪华感。根据不同定位和汽车造型风格，应用不同的装饰条。在应用装饰条做造型设计时，要注意其宽度和整车的比例关系。同时，装饰条形状做一些曲线处理与整体效果相统一。

(2) 腰线

腰线是汽车侧面的主要特征,由上下曲面相交而成,贯穿于整个车身,双腰线是指在门两侧从轮胎上部到窗下区间上下两条凸起轮廓的线条,这些腰线除了增强流线、立体感外,还起到车体、车门加强筋的作用。在碰撞时可以承受一定的冲击力,起到缓冲作用。跑车就需要考虑空气动力学效应了,在高速行驶时减少车底的逆风可以增加汽车的平稳性。

对于大多汽车外部造型来说,腰线是非常重要的一条曲线,汽车美丽的丝带的腰线成就了车身。优雅而不失绅士的腰线 (图4-22) 构成了捷豹雪茄形的车身,赋予捷豹英国绅士优雅、忧郁的双重性格。从某种程度上来讲宝马的系列车形腰线设计最为保险,因为腰线设计成败与否不仅仅是经典和平庸的区别,更是讨好广大消费者的重要砝码 (图4-23)。宝马Z4像铁锹一样挖掉一块的腰线,有人说酷,有人说怪,众说纷纭。很多车形并没有棱角分明的腰线,但可以通过车身反光的折射角度来观察,一般腰线都会现形。

图4-22 捷豹雪茄形的车身

图4-23 宝马Z 4像铁锹挖掉一块的腰线

(3) 门手柄与车门开启方式

门手柄是一个门锁的部件与其门锁的结构有关。轿车的门手柄一般在车腰线的下方位置,根据人机工程学原理,便于使用者伸手开启车门。卧入式车身表面的门手柄要符合车身平滑化设计,其中卧入式分为外拉式和上掀式。在现代汽车门手柄越来越趋于简洁、纤细 (图4-24)。

汽车车门开启的方式 (图4-25) 有以下几种。

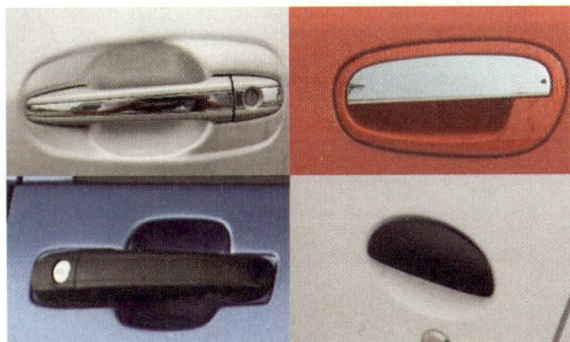

图4-24 不同门手柄的造型

图4-25 不同车门的开启方式

①顺开式车门：即使在汽车行驶时仍可借气流的压力关上，比较安全，而且便于驾驶员在倒车时向后观察，故被广泛采用。

②逆开式车门：在汽车行驶时若关闭不严就可能被迎面气流冲开，因而用得较少，一般只是为了改善上下车方便性及适于迎宾礼仪需要的情况下才采用。

③水平移动式车门：它的优点是车身侧壁与障碍物距离较小的情况下仍能全部开启。

④上掀式车门：广泛用作轿车及轻型客车的后门，也应用于低矮的汽车。

⑤折叠式车门：广泛应用于大型、中型客车上。

4.4 汽车色彩设计分析

随着消费者审美情趣和文化品位的不断提高，对汽车色彩的关注也越来越高，在汽车外部造型逐渐类同化的今天，色彩已经渐渐成为区别于轿车造型的关键要素之一，颜色是彰显汽车个性化和时尚的重要元素，色彩的设计与消费者的第一印象息息相关。

通常汽车车身外饰色彩的数量为6～10种，它主要受限于汽车制造商的油漆通道的数量以及制造成本，随着目前每一个细分市场的竞争加剧，该数量有进一步增加的趋势。一般来说，内饰的色彩和纹理大多数为2～3种，通常一种为浅色，一种为深色，浅色系为较高配置，深色为较低配置。

目前国内的厂家开始注意色彩在汽车的营销过程中的重要作用。随着汽车从一种高端、身份的象征逐渐变成大众、时尚的消费品，汽车色彩的重要性也越来越大。

（1）白色

白色给人以活泼、明快、大方的感觉。白色是百搭色，易与外界环境色彩协调，并且白色车身干净、简洁、给人以清洁质朴的感觉。白色是膨胀色，容易使车显得比实际更大，另外白色相对中性，对性别要求不高。白色在明度和色相方面相差较小，因此白色通常采用饱和度和纹理等元素来表达（图4-26），比如珠光白，就是在白色中添加少许蓝色、绿色和金色，因此产生的白色能表达更广泛的特质，纯冷白色、象牙白、珠光白在汽车上的应用非常受消费者喜爱。

图4-26 白色汽车设计　　　　　　　　　　　图4-27 银色汽车设计

（2）银色

银色是一款非常重要的主流车身的颜色。银色是最能反映汽车本质的颜色，银色使人联想到高科技产品，给人的整体感很强，最具运动感。另外银色的明度较窄，所以银色的变化是通过调整冷暖程度、纹理效果来实现的（图4-27），珠光银成为了众望所归的新的颜色，一直备受喜欢的银色着重体现其阳光下的闪烁感。

（3）黑色

黑色给人以庄重、尊重、严肃的感觉，强烈的豪华感、稳重感、奢华的象征。黑色既有纯黑色，也有金属漆，它的透明度较深（图4-28）。纯黑的开发前景有限，反而金属黑色能通过硬度、粗糙度等元素表达出不同的黑色感觉。黑色一直是我国公务用车的首选色彩，因为黑色车给人以严肃、庄重、有威慑力的感觉；但小型车最好不要选用黑色，因为黑色会使车显得更小。

图4-28 黑色汽车设计

图4-29 红色汽车设计

（4）红色

红色给人以跳跃、兴奋、充满激情的感觉。红色分别为纯红和金属红，大多纯红是很纯的中等明度的颜色，但金属红则可能融入橙色、紫色、灰色和棕色，并赋予不同的明度，或者融入不同发光的中等黑或黑色。红色具有运动感，常运用于跑车和运动车形中（图4-29）。红色是前进色，容易让人们有距离的紧凑感，引起强烈的视觉注意，有利于交通安全。红色是膨胀色，可以使小型车比实际显得更大。但长时间驾驶时，红色容易导致视觉疲劳，会影响对其他色彩物体的观察。从这一点上讲，又不是很有利于安全。

（5）蓝色

蓝色是一种非常重要的主流颜色，并富有非常广泛的明度、饱和度和色调（图4-30）。蓝色给人的感觉很舒服，个性不张扬，但是具有高贵的气质。很有吸引力的蓝色包括浅绿色的蓝、纯银沙蓝，以及激动人心的铁蓝色、组合的灰蓝和深红蓝等。

（6）绿色

所有的绿色都是金属漆的或带云母的。和蓝色一样，绿色可以形成具有很广色相的色系，但是从以往来看绿色在市场上并没有蓝色那样流行，不过随着低碳、环保、自然的概念在人们心中的升起，绿色车在逐渐增多，以小型车为主，凸显车主个性（图4-31）。在心理学上，喜欢绿色汽车的人，通常比较谨慎，富有观察力和好奇心。

（7）黄色

黄色给人以欢快、温暖、活泼的感觉。大多数黄色为中等明度，而色相较广，包含了纯黄色、橙绿色和金色。

黄色是和运动密切相关的颜色，我们意识到黄色逐渐从金属色演变为以纯黄色为主的趋势（图4-32）。黄色是膨胀色，在环境视野中很容易凸显，所以在很多城市中，出租车的车身会涂上黄色，既可以方便管理又可以引起人们的注意，便于与其他汽车区别。

图 4-30　蓝色汽车设计

图 4-31　绿色汽车设计

图 4-32　黄色汽车设计

（8）棕色

棕色典雅、安定、沉静、平和，给人情绪稳定的感觉，棕色使用起来非常困难，不管是纯棕色还是金属棕色都是如此。因此，在使用过程中，通常掺杂一些银色、灰色、金色、棕褐色、红色、紫色或绿色，来表达某种柔软细腻、豪华和休闲的感觉。目前棕色多用于 SUV 车形中，给人以安全感（图4-33）。

（9）金色

金色被认为是接近大地色，在时尚领域是高贵、奢华、权利的象征，从金色能衍生出非常丰富的金色系，如米色、黄红色、香槟色到豪华版的棕色、棕褐色以及运动版的橙色和浅金色（图4-34）。在心理学上，选择金色的车主具有忧郁倾向。

（10）橙色

橙色是由最初的红色演变而来的，内敛、成熟、气质斐然、运动感十足（图4-35）。大多数的橙色具有中等的明度，通常与黄色、红色、棕色和灰色进行搭配。橙色也是具有极强运动感的特征颜色，适合用于小型车或者具有运动感的 SUV 或跑车上。

　　汽车的色彩与安全性有一定的关联，当观察不同色彩的距离相同时，比较鲜亮的颜色看起来要比他们实际所在的位置近一些，而相对较暗的颜色看上去与他们的实际所在的位置相符。换句话说，在距离相同的情况下，亮色看起来要比暗色更近些，所以开亮色的车要相对安全一些。在这些视觉上的近色和远色中起关键作用的是色彩和他们背景色之间的色彩对比关系，而不是色彩本身。由于中国城市大多数的环境中，都是灰色的柏油马路、深色的建筑和绿色的树木等，所以与这些环境色相比，汽车的色彩在行驶中也就具有了距离变化。由此在路面上行驶的汽车，由于不同色彩形成的距离感不同，汽车的事故率也不相同。

　　黑色在环境中不容易被察觉，给人的关注感较弱，所以黑色汽车的事故率最高；相反，白色汽车由于在环境中比较突出，白色又具有膨胀感，在距离相等的情况下驾驶者会觉得白色的车距离更近，所以白色车在所有色彩的车中事故率最低，其他色彩车的事故率由高到低依次是绿色、棕色、红色、蓝色、银色。

　　综上所述，从安全的角度来看，汽车最好选择膨胀色和前进色。所以白色是所有汽车色彩中最安全的颜色，银色也是很好的选择，事故率也比较低。黑色车虽然在中高档豪华车市场是主导的车形，但在色彩定位时应该考虑安全因素，降低黑色车的使用频率，减小汽车的事故率。

图 4-33　棕色汽车设计

图 4-34　金色汽车设计

图 4-35　橙色汽车设计

5

　　方法是指在任何一个领域中的行为方式，它是用以达到某一目的的手段的总和。无论做什么事，都要有一定的方法，所谓事半功倍，大多是由于方法正确，花费了较少的力气而取得了较大的成效。以方法为对象的研究，已成为独立的专门学科，此即科学方法论。科学方法论是关于科学的一般研究方法的理论，它探索方法的一般结构、发展趋势和方向，以及科学研究中各种方法的相互关系。方法是有迹可循的，在汽车设计中掌握这种方法，可以达到事半功倍的效果。

5.1　方法与方法论

　　（1）科学方法论，大体经历了四个阶段。

　　①自然哲学时期（古代朴素的自然观—16 世纪近代科学的发展）

　　在这个时期，人们仍然将世界看作一个混沌的整体，哲学、自然科学和方法论三者没有分开。这一时期方法论的最高成就，就是亚里士多德的逻辑学和欧几里得几何学中的方法论思想。

　　②分析为主的方法论时期（16 世纪经典力学建立—19 世纪初）

　　在这个时期，自然科学相继分化出来，并形成了各自的研究方法，而哲学则担当了方法论的职能，哲学的范畴、原理、世界观都作为自然科学研究的方法论出现。1620 年，培根的《新工具》探讨了新的认识方法（经验归纳法），成为归纳法的基础。笛卡尔在《谈方法》中提出了演绎法，突出了理性的推理与分析。

　　③分析与综合并重的方法论时期（19 世纪 40 年代—20 世纪中叶）

　　在这个时期，一方面分析方法有了比较重大的发展，数理逻辑和分析哲学做出了重要的贡献；另一方面自然科学中实现了两次重大的综合，能量守恒和转化、细胞学说和进化论在很大程度上实现了宏观领域自然科学的综合；相对论和量子力学理论的创立实现了宏观和微观的理论总和。

　　④综合方法论时期

　　这一时期从 20 世纪中期开始，出现了许多综合性的学科，如各种边缘学科、横断学科（系统论、控制论、信息论）、综合性学科（环境科学、能源科学、航天科学等）。

　　（2）科学方法论大体上可以分成四个层次。

　　①经验层次——各种技术手段、操作规程等构成科学方法论的最低层次。

　　②具体方法——反映各门学科中的一些具体方法，它属于各门学科本身的研究。

　　③一般方法——是从各门学科中总结、概括出来的，它不是某一学科独有的，而是各门学科共同适用的方法，如系统论方法、控制论方法和信息论方法。

　　④哲学方法——普遍适用于自然科学、社会科学和思维科学，是一切科学最一般的方法。辩证唯物主

义是唯一科学的世界观，也是唯一科学的方法论。

5.2 设计方法论

设计方法论亦称为"设计哲学"、"设计科学"、"设计工程"或"设计方法学"，是 20 世纪 60 年代以来兴起的一门学科，主要探讨工程设计、建筑设计和工业设计的一般规律和方法，它涉及哲学、心理学、工程学、管理学、经济学、社会学、生态学、美学、思维科学等领域，是研究开发和设计的方法论的学科，包含了方法论中的各种层次的问题。"二战"后由于信息工程、系统工程、人类工程、管理工程、创造工程、科学哲学等一系列新兴学科取得了迅速的发展，一批哲学家、科学家、工程师和设计师从一般方法论的角度研究设计中的方法论问题，使许多工程师和设计师认识到传统的设计方法已经不适于解决日益复杂的设计问题，因而必须代之以新的设计观念、思想、原则和方法。

设计方法在近年来得到了迅速的发展，在一些不同的国家中形成了各自的独特风格。德国着重设计模式的研究，对设计过程进行系统化的逻辑分析，使设计的方法步骤规范化；美国等国则重视创造性开发和计算机辅助设计在工业设计上形成的商业性的、高科技的、多元文化的风格；日本则在开发创造工程学和自动化设计的同时，特别强调工业设计，形成了东方文化的高科技相结合的风格。

任何一个国家、部门和企业以至某种产品的开发、设计，都应当根据各自的特点，采取不同的设计方法以形成自己的风格。常用的设计方法有黑箱法，其认为当一个研究对象的内部构造和机理不清楚时，可以通过外部观测和试验去认识其功能和特性。黑箱法是一种方法，它只看到结果，而看不到过程。而白箱法则是综合法，它的过程和步骤非常清楚，是有序、可控、可度量的。此外还有创造学法、人机工程学法、调查及预测、功能技术矩阵、价值工程及价值创新、形态学法、评价及语意区分法及计算机辅助设计等。对于上述的各种方法，在设计的不同阶段应交互使用，以寻求设计创新创意的最优化。

工业设计方法学研究技术与艺术、功能与形式、宏观和微观的关系。工业设计研究的对象是"人—产品—环境—社会"在设计思维的进程上，可以分为分析（指将问题分解成诸方面）、综合（指将分解的各方面用新的方式重新构建组合）和评价（指检验这种新的组合，并确定其投入实践后产生的效果）三个部分（图5-1）。这个过程在不同阶段中可能要循环多次，每循环一次都能前进一步，并取得更好的效果。

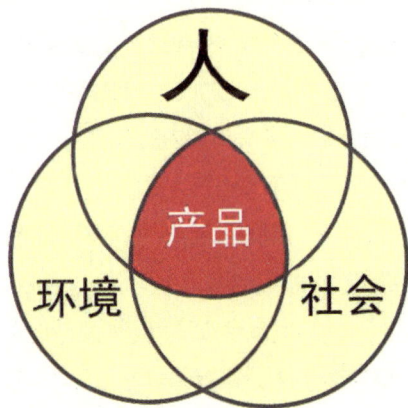

图 5-1 工业设计研究的对象

5.3 现代设计方法

现代设计的主要特点是优化、动态化、多元化及计算机化。具有普遍意义的方法论，绝不是方法的简单拼凑。它具有与传统、狭义设计不同的多种特征。

通常所说的设计方法论主要包括信息论、系统论、控制论、优化论、对应论、智能论、寿命论、模糊论、离散论、突变论等，现简要介绍如下。

（1）信息论方法：包括狭义信息论、一般信息论和广义信息论。狭义信息论指研究消息的信息量、信道容量以及消息编码等的理论与技术。一般信息论除通信问题外，还研究噪音理论、信号滤波与预测，调制与信息处理等理论和技术，广义信息论指研究与信息相关的各方面的理论和技术，如信息产生、获取、变换、传输、存储、处理、显示、识别与利用等，信息论方法主要有预测技术方法、相关分析法和信息合成法等。

（2）系统论方法：指用系统的思想、按照系统的特性和规律认识客观事物，解决和处理各种设计问题的一整套方法论体系，系统论方法主要有系统分析法、聚类分析法、逻辑分析法、模式识别法、系统辨识法、人—机系统和运用系统观点研究设计的程序等。系统论方法是以系统整体分析及系统观点来解决各种领域具体问题的科学方法。所谓"系统"，即指特定功能的、相互有机联系又相互制约的一种有序性整体。

（3）控制论方法：关于耦合运行系统的相互联系、结构、功能、运动机制、作用方式及控制过程的一般规律的科学。其是由数学、逻辑学、数理逻辑、生理学、心理学、语言学以及自动控制和电子计算机等学科相互渗透的边缘科学。控制论方法主要有动态分析法、振荡分析法、柔性设计法、动态优化法和动态系统辨别法等。

（4）优化论方法：对给定的设计目标，在一定的技术和物质条件下，按照某种技术和经济的准则，找出最优设计方案的方法和理论。优化论方法主要有优化法和优化控制法等。

（5）对应论方法：指将同类事物间（称为相似）和异类事物间（称为模拟）的对应性作为设计主要依据的方法与理论。主要包括一般类比法、科学类比法、相似设计法、模拟法与模型技术等。

（6）智能论方法：指运用智能理论采取各种途径以得到认识、改造、设计各种系统的理论与方法。智能为智力与能力的结合，故智能论方法重在发掘一切智能载体，特别是人脑的潜力（如推理判断、联想思维等），为设计服务，尤其是可以利用计算机而克服人脑的运算精度不高、速度慢、易疲劳，存储量有限、易产生差错等缺陷，这正是电子计算机辅助设计的根本目的。智能论方法主要包括计算机辅助设计法（CAD）、计算机辅助工程（CAE）、计算机辅助制造（CAM）、智能机器化方法（高级人工智能）等。

（7）寿命论方法：寿命为特定正常功能的时间，或称为从有序到无序的全过程。故寿命论方法是指保证设计物在寿命周期内的经济指标与使用价值的理论与方法。寿命论方法包括可靠性分析预测，可靠性设计和功能价值工程等方法。

（8）模糊论方法：运用模糊分析而避开精确的数学设计的理论与方法，如模糊分析、模糊评价、模糊控制与模糊设计等。

（9）离散论方法：指将复杂广义系统离散（将设计对象进行有限细分或无限细分，而使之更逼近于问题的求解）为有限或无限单元，以求得总体的近似与最优解答的理论与方法。离散论方法包括有限单元法、边界法、离散优化及其他运用离散数学技术的方法等。

（10）突变论方法：突变论方法是现代设计的关键。因为人类要突破自然增长的极限，不断开拓发展，关键就是要有创新、有突破，才会有新的思想、新的理论、新的设计、新的事物。如各种创造性思维与设计技法，如头脑风暴法、逆向发明法、灵感法，均能产生突变性机理。

5.4 汽车造型设计的具体方法

1. 头脑风暴法

畅谈会简称"BS"法（Brain-storming），意思是无拘无束地进行畅谈，自由奔放、打破常规、创造性地思考问题。它是由美国著名创造学家奥斯本提出并定名的。提案人员根据功能定义可以自由发挥，就会提出多种不同的提案，甚至完全脱离现有的办法，以求形成新的方法。

这是一种最早的创造技法，又称为脑轰法、智力激励法、激智法、奥斯本智暴法等，是一种激发群体智慧的方法。一般是通过一种特殊的小型会议，使与会人员围绕某一课题相互启发、激励，取长补短，引起创

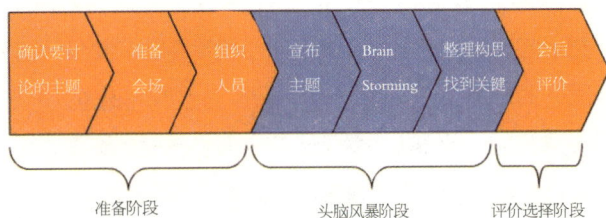

图5-2 头脑风暴法流程

造性设想的连锁反应，以产生众多的创造性成果。与会人员一般不超过10人，会议时间大致在一小时之内。会议目标要明确，事先有所准备（图5-2）。

2.635法

635法是在头脑风暴法的基础上发展而来的集体创造性思考法，会议主持人先宣布议题，并对与会者提出的疑问给以解释，然后发给每人几张设想卡片。每张卡片上标存1、2、3号码，号码之间留有较大的空白，以便填写新的设想。填写时，字迹务必要清楚。在第一个5min内，每人针对议题填写三个设想，然后将卡片传给右邻的与会者，在第二个5min里每人可以从别人所填的设想中得到启发，再填上三个设想，再传给右邻者，如此多次传递，依次反复几次，就可以通过别人的信息诱发自己的灵感，创造出新奇先进的方案来。半小时内可传递6次，一共可以产生108个设想。

这种方法的特点是时间短、速度快。并且由于不直接说出方案，而可以自由地发挥想象，不受限制。并自己纪录和交换信息，从而能够抓住新的有利的想法。

3.KJ法

KJ法是由日本喜多二郎于1964年提出的，KJ是他名字的字头，KJ法使用卡片收集大量资料和事实，从中提炼问题或产生构想和原理。如：要收集对某一议题的意见和看法，运用KJ法则可按下列步骤进行。

（1）召开4～7人的小组会议，主持人事先发给与会者预先准备好的卡片。

（2）主持人给出议题，与会者在理解议题的基础上，把自己的各种意见和看法写在每张卡片上，写完后将所有卡片都交给组长。

（3）组长将收集好的卡片混合后再发给与会者，与会者充分理解自己手里的每张卡片，不懂可提问。

（4）组长宣读自己手里的某张卡片，然后问与会者手中有没有相同内容的卡片，如有也宣读，以便加深大家的理解。待所有相同卡片宣读完后，组长将这些卡片收集在一起。

（5）重复上面的过程，直至所有卡片都被归类。

（6）与会者对每一套卡片都进行认真思考，为每类卡片加上适当的标题，用彩笔写在封皮上。如封皮标题相近，可作进一步的归并。

掌握KJ法可以培养人们集中琐碎现象对问题进行系统思考的能力，是一种有效的资料整理法。

4. 综摄法

又称提喻法、集思法或者分合法，是戈登于1994年提出的，也可以说是头脑风暴法的重要的变种技法。奥斯本的头脑风暴法中，思想的奇异性，是由"激智"小组里不同专家所进行的无关联类比来保证的，而"综摄法"则使"激智"过程逐步系统化。头脑风暴法在开会时明确地提出思考的课题，而"综摄法"在开始时仅提出抽象的议题。

　　其基本方法是，在一位主持人召集下，有几个人或者十几个人构成一个集体，这些成员的专业范围应该广泛，即为互补性人才。这一个小组不是随便凑成的，要经历人才选择、"综摄法"训练、把人员结合到委托方的环境中去，这样三个阶段。开会时，课题提得十分抽象，有时仅为简单的词汇。个人自由思考，凭想象漫无边际的发言。主持人将个人发言要点纪录到地板上。当设想提到某种程度时，主持人才把所委托的课题明确显示，看这些随意想出来的想法是否成为解决所委托课题的启示。

　　例如，所委托的课题是在拥挤的城市要开发汽车停车场。主持人一开始仅提出抽象的、极为简单的词汇——存放。小组成员就"存放"，想出许多意见：存放地底下、多层、叠放等，然后主持人点出课题——开发汽车停车场。小组成员根据上面种种想法，围绕主题可以得出很多方案。比如：

　　（1）立体旋转停车场——采用升降传动机构升降汽车。

　　（2）存放地底下——地下车库。

　　（3）立体车库——立体停车楼。

　　（4）设计可折叠汽车（图5-3）。

图5-3　可折叠汽车

5. 类比法

　　类比法（Synetics）是美国创造学家哥顿（W.J.Gordon）提出的。他在搜集了物理、机械、生物、地质、化学和市场学等方面的专家发明创造过程之后，进行了分类编组和深入的研究。结果他发现专家们在课题研究活动中，能够使创造活动成功的一些特殊技巧，就是把乍看起来没有关系的东西联系起来进行类比。应用这种方法，就是要把人们在解决各种各样的问题时所做的假设和解决办法，加以综合分类，以便有效使用。

图5-4　水陆两用车

　　常用的类比法有三种，即直接类比、象征类比和拟人类比，见表5-1所列。

表 5-1　类比法示例

方法类别	直接类比法	象征类比法	拟人类比法
基本过程	收集同某主题有类似之处的事物、知识或技巧，从中得到暗示或启发，进行自由联想，提出解决问题的办法	为了使一种技术上不完备的东西得到审美上的满足，从象征性类比中得到启发，联想出一种景象，进而提出办法	设身处地将自己比作主题中的事物，在这个立场和处境上考虑问题，以求获得启发，获得新方案
实质	通过抓住周围事物、动植物的机理等，来探索技术上的可行性	通过一些神话、传说中的神奇行为，联想这种行为在现今实现的可能性，探索技术上的原理	通过想象中的亲自体会来得到感受，从而得到新的启发
示例	水陆两用车：有没有在水中、陆地上都能行走的东西？（自然物）龟——龟的机理——水陆两用车（图5-4）（仿生类比法）	一种新型汽车钥匙：（故事）念咒——声音——声波——声电讯号转换原理——变换装置——根据此原理制成的钥匙（产品）——电脑原理制成的磁片（孔卡）钥匙（产品）	汽车内部空间改进：空间太狭窄——好像自己挤着难受一样——提出改进空间位置的布置

6. 联想法

由一事物的现象、词语、动作等，想到另一事物的现象、词语、动作等，称为联想。用联想思维进行创造的方法，即联想法，是想象思维的一种形式。所谓联想思维，就是人们通过一件事情的触发而迁移（想）到另一些事情上的思维。联想能够克服两个不同概念在意义上的差距，并在另一种意义上将二者联结起来，由此常产生一些新颖的思想。因此，联想思维是创造性思维的重要表现形式之一。

联想思维是人们因一件事物的触发而联想到另一事物的思维，人们把前一事物称为刺激物或触发物，后一事物则称为联想物。根据联想物与触发物之间的关系，联想思维可划分为相似联想、相关联想、对比联想、因果联想和接近联想几种形式。

（1）相似联想

相似联想是指由一个事物的外部构造、形状或某种状态与另一事物的类同、近似而引发的想象延伸和连接。例如看到乌龟想到了水陆两用车，既是类比也是联想。美国的 S·马柯米克有一次在理发时看到理发推子的动作，立刻与正在思考中的收割机方案联系起来，产生相似联想，从而成功地开发出利用理发推子动作原理的新型收割机（图 5-5）。再比如"新月似银钩，弯弯挂客愁"就是因相似联想找到了月与银钩在外形和色彩上的近似，而巧妙地用"挂"字引为

图 5-5　相似联想

游子无限乡愁的寄所。相似联想在产品设计中主要表现在仿形创造，如仿天鹅形体的游船、仿动物形体的汽车玩具等。

（2）相关联想

相关联想是指联想物和触发物之间存在着一种或多种相同而又极为明显属性的联想。例如，看到鸟想到飞机（都能飞），看到电灯想到日光灯、蜡烛、手电筒（都具有发光性）等。

（3）对比联想

对比联想是指联想物和触发物之间具有相反性质的联想。例如，看到白颜色想到黑颜色、看到小的物

体想到大的物体等。在传统观念中，玩具的对象一般都是孩子，国外有人通过对比联想专门开发成人玩具，收到了非凡的效果。与对比联想直接相关的创造原理是逆反原理。如吸烟有害，逆反思维可能使我们想到：吸烟对身体中的病菌是否也有害，反而在某种意义上有益健康呢？

（4）因果联想

因果联想是源于我们对事物发展变化结果的经验性判断和想象，触发物和联想物之间存在一定因果关系。如看到蚕蛹就想到飞蛾，看到鸡蛋就想到小鸡，看到彤云密布，想到马上就要下雪等，显然，因果联想具有某些逻辑思维形式的色彩。

（5）接近联想

接近联想是指联想物和触发物之间存在很大关联或关系极为密切的联想。例如，看到学生想到教室、实验室及课本、书桌等相关事物。

心理学研究表明，对于任何两个似乎毫不相干的概念，一般最多只需要经过 4～5 步的联想即可将其建立起联系。比如，"木质"与"皮球"这两个离得很远的概念，可以联想为：木质——树林；树林——田野；田野——足球场；足球场——皮球。事实上，上述"木质——皮球"联想之所以能够通过四步联想达到，是因为该联想的最后一环"皮球"是作为这个联想程序的终点而预先给定的。这种有事先给定"目的"的联想，叫作定向联想。这种有目的的定向联想在创造发明中具有特殊重要的意义。这是因为，创造发明活动总是有目的性的活动，它常常要通过带有目的性的联想作为通道而达到目的。当然，对于创造性思维的本身而言，它更加提倡的是思想奔放、毫无拘束的自由联想。这样的自由联想，可通过相似、对比或接近联想形式的多次重复交叉而形成一系列"连锁网络"（如举一反三、闻一知十以及触类旁通等），从而产生大量创造性设想。接近联想实际是发散性思维的一种具体表现。

进行联想要有打破砂锅问到底的精神，联想的范围越广、深度越大，对创造活动就越有益。比如，从落地电扇具有可调节升降性能的联想而发明了升降篮球架，由伞的开合性的联想发明了节能窗户。事实上，古往今来，人类一直是在无意或有意地通过各种联想而不断从自然界中获得启迪，从而创造了无数工具或方法，为自身生存和发展创造了条件。正如日本创造学家高桥浩所说：联想是打开沉睡在头脑深处记忆的最简便和最适宜的钥匙。

当然，联想能力的大小首先决定于一个人的知识积累和经验丰富的程度，一般说来，知识越多、见识越广的人联想的可能性也越大。例如，一个生长在海边的人就经常会与大海发生联想，而一个出生在大平原、从未见过高山的人，一般与"山"的联想能力就会很少或者没有。据说，古代有个穷人一生中吃过的最好东西是芝麻饼，于是他告诉别人说，如果当上皇帝，他就天天吃芝麻饼，由此足见知识和经验对于人们联想能力的局限。这里我们提出一种"无边界阅读"的建议，即不局限于本专业的书籍，而是跨专业、跨学科，多方面吸收信息，这对从事设计的人扩大思路大有裨益。

联想能力的大小同时还与一个人是否具备良好思考问题的习惯有关，即与一个人是否肯"开动脑筋"有关。有的人虽然见多识广，然而他却不愿多动脑筋，因而他不善于联想，整天无所事事，很难进入创造境界。因此，养成良好的"想"问题的习惯，是培养联想能力、提高创造能力的一个重要措施。

7. 仿生法

仿生法跟联想法有一定的关联，仿生设计是研究自然界生物系统的优异功能、形态、结构、色彩等特征，有选择地应用这些特征原理，设计和制造崭新的产品。最早把这种技术用作创造思维方法的是美国的巴巴尼克教授。

人是自然的产物，大自然永远是我们的教师。仿生设计就是"师法自然"的体现（图5-6）。那么，到底从哪几个方面进行仿生呢？我们大致可将它分为形态仿生、功能仿生、视觉仿生和结构仿生四个方面。对于产品设计来说，矛盾的主要方面集中在形态仿生和功能仿生两方面，即设计者应学会通过模拟自然物而达到创造新形态、新功能的目的。例如甲壳虫汽车就是形态采用了甲壳虫的造型。

图 5-6　仿生设计

8. 移植法

移植法是指把现有技术应用到另外一个产品中去，或由一个东西引申出其他的东西等。所谓"它山之石，可以攻玉"，运用移植法可以促进事物间的渗透、交叉、综合。这时我们可以提问：它像其他的什么东西吗？它是否暗示了其他的设想？我们可以从这个产品中借鉴什么东西？

例如，战后的高速快艇，是把喷气式飞机的发动机移植到快艇上的结果。

9. 缺点列举法

随着科学技术的进步与人民对功能需求的发展，现时的一切产品都不同程度地存在着一定的漏洞与缺陷。为此，针对需要改进的产品，提出缺点列举法来激发人们的思考。

10. 希望点列举法（各种概念性的产品）

希望点列举法从发明者的意愿出发提出各种新的设想，它可以不受原有产品的束缚，是一种更为积极、主动型的创造技法。人们希望像鸟一样在蓝天上飞翔，终于发明了飞机；人们向往嫦娥奔月的神话，终于发明了卫星、宇宙飞船；希望能够在夜间视物，发明了红外线夜视装置。

11. 废物利用法

随着人们活动范围的过大，生活水平的提高，废物越来越多。处理废物已成为人类的一大难题，对生态平衡、环境保护的意义非常大。在创新的思考中考虑到废物利用、变废为宝，将使创新的价值大大提高。比如在垃圾中提炼石油、贵金属；如粪便发酵生成沼气等。

12. 专利利用法

全世界每年申报许多专利，而其中发明的新技术有90%~95%。但我国目前专利真正发挥作用的不足10%。因此，借用专利构思创新、设计发明，是使创造发明变得有用的方法。

13. 形态分析技法

形态分析技法是由美国兹维费 (F.Zwife) 首创的，后由艾伦（M.S.Alan）加以发展，它是一种结构组合或重组方法。这种方法的出发点是：许多发明创造不是发明一项完全新的东西，而是对旧东西的重新组合。因此先综合，从所有的来源中收集有关元素，再系统分解，并把有关元素分成三至四个较大的变项，最后重新组合，使变项形成各种结构，也即形成了多种创造性设想。如解决怎样设计新包装问题，首先可以从包装材料、包装的形状和包装的颜色三个因素考虑，而每一因素又分成四个变项，即包装材料：纸、木头、铁、水泥；

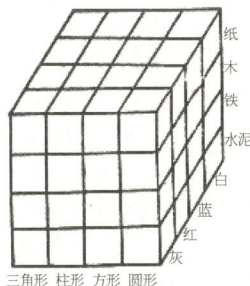

图 5-7　形态分析法

包装形状：三角形、柱形、方形、圆形；包装颜色：白色、蓝色、红色、灰色。采用图解方式，可以产生64种不同的组合方案以供选择（图5-7）。

形态分析技法系统地逐个分解因素，排列组合，因而可以毫无遗漏地收集到各个方案。又因为此法采用了图解方式，因而就算解决复杂问题亦可一目了然。

14. 设问法

设问法可以围绕老产品提出各种问题，通过提问发现原产品设计、制造、营销等环节中的不足之处，找出需要和应该改进之处，从而开发出新产品。有5W2H法，5W2H法从七个方面进行设问。

(1) 为什么要革新？（Why）

(2) 革新的具体对象是什么？（What）

(3) 从哪些方面着手改进？（Where）

(4) 组织些什么人来承担任务？（Who）

(5) 什么时候进行？（When）

(6) 怎样实施？（How）

(7) 达到什么程度？（How Much）

15. 检核目录法（表5-2）

表5-2 检核目录法

目标	执行方法
（1）能否它用？	此物是否有其他新用场？如果改变一下，它的另外用场是什么？
（2）适合与否？	其他有什么东西与此物相似？由此想到的另外主意是什么？过去有无相似的东西？我可根据什么进行复制？模仿谁呢？
（3）能否改变？	可否重新进行编织？可否改变一下意思？可否改变颜色、音响、味道和形状？其他变化呢？
（4）能否扩大？	可以增加一些什么？延长时间？增加频率？增加强度？增大体积？增加厚度？增加额外价值？增加配料？复制成对呢？相乘成倍提高？夸大之后？
（5）能否缩小？	可以减去什么？可否变得更小？能凝结、压缩否？能否制造成微型？能否变得更低？变得更短？变得更轻？能省略什么？能否进一步细分？能割裂否？能简略陈述吗？
（6）能否替代？	谁可替代？可用什么作替代物？能否用其他成分替代？能否用其他原料？能否有其他的过程？能否用其他的强度？有其他场所否？能否用其他的途径？能否用其他音调替代？
（7）能否重新组合？	可否改变成分？用其他的图式行否？能否重新设计布置？用其他的顺序行否？改变原因会产生不同结果否？能否改变速度？能否改变课程表、日程安排表、进程表？
（8）可否反向？	可否正反倒置？能否里外反过来？能否前后倒置？上下倒置行吗？角色能否反过来？改变境遇会怎样？能否扭转局面？
（9）可否综合？	可否把几个部件进行组合？能否装配成一个系统？能否把目的进行组合？能否把几种设想进行综合？

检核目录法是参阅一张列有不同目录、语词或问题的核对单，这样可以给予人们以启示，促使他们从多种角度去思考，寻找线索以获得构想的方法。

运用检核目录法可以增进创造性主意的观点已得到证实。戴纳斯和罗弗顿于1968年的研究就是一例，他们给学生一张"进行物理变化的思考"的单子，持有这些单子的学生被要求"尽可能多地列出有关的物理变化"，他们发现持有核对单的学生明显地比那些手头没有核对单的学生更能产生创造性的主意。

目前，创造学已经创造出许多各具特色的创造性核对单，其中最著名的是奥斯本的核对单，它容易掌握又能在不同的情境中运用。它由下列几部分组成。

（1）转化

这件东西能否用作他用？改变一下能有新用途吗？

汽车的用途由最早的代步引申到消防车、垃圾车、油罐车等。

（2）适合

根据原来的产品进行复制或模仿。

（3）改变

改变原来产品的某些形状、色彩、声音、运动、气味，甚至含义以后，会有什么变化呢？这也会产生许多新的方案。

汽车行驶声音从"突突突"的声音转变成"轰轰轰"的低鸣声。

亨利·丁根将轴承中的滚柱改成圆球形，发明了滚珠轴承。

（4）放大

我们可以把现有产品加高、加长、加厚、加大，这都是产生新方案的途径。能不能增加？能不能加倍？能不能夸张？

加长汽车。

单层公共汽车到双层公共汽车。

山地车轮胎是一般自行车轮胎的加宽。

（5）缩小

能否使现有产品变得更轻、更短，更小？这也是对产品加以改变的方法。或者省去某些东西，把一个大的产品进行分解等。

迷你汽车是汽车的小型化。

（6）代替

能否有其他的元素、构造、材料、结构、能源、资源等进行替换？有没有其他的东西来代替？

塑料代替了金属、玻璃。

太阳能汽车、电能汽车代替了汽油为能源的汽车。

（7）重组

交换产品零件，变换产品次序，调整产品结构，改变因果关系等都是产生新方案的手段。能否将组件重新安排？交换它们之间的位置是否可行？

汽车的前驱动变成后驱动。

原苏联米格 -25 型飞机在米格 -23 型飞机基础上重新组合后，性能大大增强。

（8）倒置

把前后、左右、上下位置、关系、顺序颠倒以后，会产生新的构思。

许多产品变换左右手柄位置，便于左撇子操作。

（9）拼合

是否可以把不同的单元、不同的功能、不同的结构组合在一起，而产生新的产品？把不同的构思拼合在一起产生新的方案？

搅拌车是汽车与搅拌机的拼合。

道路清扫机是与扫地功能的拼合。

（10）剔除

由于某种新技术、新材料或新结构的采用，有些零部件（或费用）可以剔除，有些不必要功能也可以剔除。从这个角度讲，它是价值分析基本方法之一。

高速悬浮列车，由于采用了磁浮技术，不仅省去了车轮，而且提高了车速。

喷气式飞机采用竖直起飞方式，省去了笨重的着陆齿轮。

还值得一提的是帕内斯1967年提出的核对单，他建议人们在寻找新主意时，自问一下哪些是能刺激产生主意的问题，如：

①客观效果怎样？

②个人或群体的影响呢？

③费用包括哪些？

④有形资产（如原料、设备等）包括哪些？

⑤牵涉的道德和法律问题有哪些？

⑥无形的（如意见、态度、感觉、艺术性、价值等）包括哪些？

⑦引起什么新的问题？

⑧已经完成哪些任务？还留下什么困难了，紧接而来的将是什么？

5.5 故事板设计策略

"故事板"（storyboard）被广泛应用于电影和广告业中，原意是安排电影拍摄程序的记事板，在影片的实际拍摄之前，以图示的方式说明影像的构成，将连续画面分解为以一次运镜为单位的画面。因此，故事板也可称为"可视剧本"（visual script），让导演、摄影师、布景师和演员在镜头开拍前，对镜头建立起统一的视觉概念。当一场戏的场景动作、拍摄、布景等因素比较复杂、难以用语言解释时，故事板可以很轻松地让整个剧组建立起清晰的拍摄概念或找出潜在的问题。

故事板也可用在汽车设计当中。每个汽车的背后都有一个故事，所谓的"情境故事法"，就是设计师通过观察和体验，去诉说一个故事，营造一种情境，从而设计出可心的汽车。设计师站在设计者的角度，通过一个想象的故事，包括使用背景、环境状况、物品面貌功能，去模拟未来汽车的使用情境，通过"快照"来提取各个不同时间，不同场景的分镜头来分析"人—环境—物—活动"之间的互动关系，评断设计构想是否符合设计主题，从而进行汽车修正和产品创新。故事板就是将此"情境故事"视觉化，描述用户使用汽车的过程，将此过程的关键步骤分解成一幅幅画面，按时间顺序描绘汽车使用情境中的各种因素，使设计师的注意力不仅仅集中

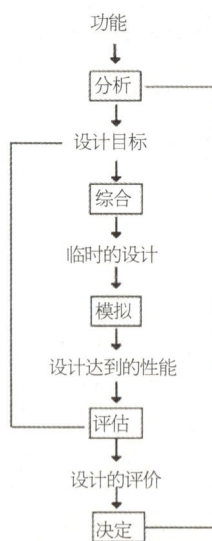
图5-8 产品设计基本流程

在汽车的功能和外观，还根据情境发掘出用户对产品的潜在需求和新的使用方式。故事板在汽车设计程序各阶段（图5-8）的作用不同。

第1阶段：分析。

汽车的功能永远是设计的出发点，不仅指它技术上的功能，还包括心理、社会、经济和文化的功能。在分析阶段，设计师分析围绕新汽车设计的各种因素，主要完成一个任务：定义设计问题，明确设计目标。

第2阶段：综合。

分析阶段后，要生成一些设计构想。综合意味着将各种分散的想法结合起来。综合阶段在整个设计过程中是最模糊的阶段，在此阶段，设计师的创造性发挥着最重要的作用。设计想法的表达方式多种多样：语言的描述、速写、图样、模型等。综合阶段的成果是一种暂时性的设计方案，仅代表解决问题的可能，能否实现要留待设计流程的后面阶段证实。

第3阶段：模拟。

概念的"原型化"阶段，通过对模型的验证推断出汽车具有什么样的性能。此阶段设计师会应用各种技术科学、行为科学的理论、各种图表工具和经验的研究方法，但通常许多模拟是基于经验法的归纳。

第4阶段：评估。

在此阶段评估前面阶段设计的价值。经过模拟阶段得到的设计的性能与设计的目标性能进行比较，两者之间通常不会完全相符。在评估阶段要判断这种差别能否被接受，因为汽车的性能是多方面的，所以这种判断也很复杂。

第5阶段：决定。

评估阶段之后就要做出决定：是进入下一个制造阶段还是返回重新设计。通常第一次的设计会被否决，重新回到设计的分析阶段，甚至汽车的功能都要重新定义，经过几次反复才能完成设计。

故事板在上述不同设计阶段的作用也不同。

（1）分析阶段：设计师要关注新汽车技术、心理、社会、文化、经济等各方面的功能，要考虑与汽车相关的环境、气氛、感觉、汽车与使用者的交互作用等因素。设计师通过故事板描述未来汽车使用的"未来情境"，着重于将使用者的需求和产品的使用过程作快速全面的视觉化表现。

此时故事板必须除去人物和背景细节，简化淡化不必要的文字内容，观者的注意力才能集中到故事的内容中来（图5-9）。这是一款小型化城市救援车，采用模块化的箱体设计，一车有多种功能，任意组合工具模块箱体，遵循按需分配、对症下药的设计理念，针对具体的事故突发状况对模块进行任意组合，针对性强，避免运输器材资源的浪费，也解决了现有的救援车辆体积庞大、灵活机动性不强的特点。

（2）综合阶段：设计师开始生成一些设计概念，在这个阶段，速写式的故事板可以激发创意思考。设计团队包含负责汽车各方面的成员，如工业设计师、市场研究人员、机械工程师、电子工程师、销售人员、工艺工程师等，视觉化的故事板能帮助不同背景的人对汽车各方面的性能达成共同的理解。

在设计团队内部进行交流时，将多张故事板摊放在桌上或挂在墙上，可触发批评和讨论。此时，故事板展示的是汽车的一个个"片段"，不需要连续完整的故事线，细节也不重要，应尽量简化。

（3）模拟阶段：概念发展成"原型"，此时，故事板要表现设计汽车的应用、与使用者的互动、汽车的属性等，比前一个阶段更显得重要。汽车各方面的属性要描述清楚，就要注意故事的长度表现。可以将复杂的想法拆分成几个小的段落，每一个段落用3～5个影格来呈现，则能更好地兼顾故事的理解度和趣味性。这个阶段故事板的作用也是希望通过它触发批评和讨论。

（4）评估阶段：通过概念测试和与未来的汽车使用者的交流对汽车概念进行评价。此时的故事板要求表现更多的细节，用户不仅通过故事板看清汽车的外形，也要对汽车的价值和质量做出反应。

（5）决定阶段：设计师用故事板展示设计结果。故事板要以丰富的细节全面展示设计的优点，通常用渲染的效果图甚至照片的形式做成展板，有时还会加上广告式的语言。此时，故事板的作用是说服观众（设计委托人或决策者），而不是希望得到批评和建议。

设计方法多种多样，要做到汽车设计草图、最终造型的最优化，不是靠单一的方法，而是多种方法的综合运用。这其中有新材料、新结构、新功能的融入，也有创新设计思维的综合，具体的设计方法可以在设计实践中总结和摸索，从中探索出设计中的一般规律。

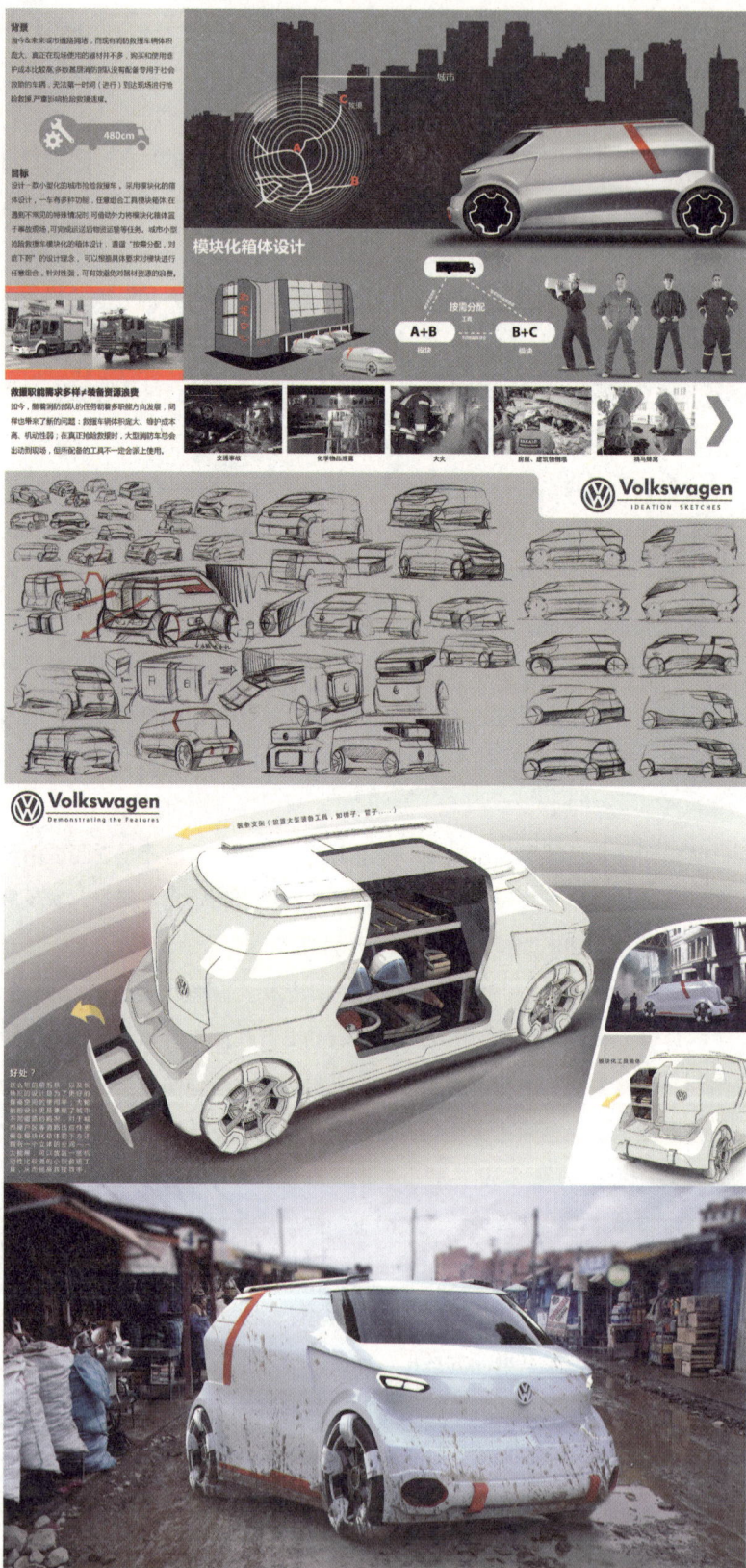

图5-9　小型消防车故事板设计策略

第6章 汽车形态语义设计

汽车形态是汽车造型的外部曲线表现，但其体现出来的物质形状给人们产生的视觉感受带给人不同的心理感受和情感体验。汽车形态语义设计的目的是为了准确地把握形态的语义内涵，赋予汽车以更多的信息知识传递，让人们更快、更方便地了解汽车形态传达出来的语言信息。不同的形态具有不同的意义，因此造型就是通过一定的创造手法赋予一种或几种材质以"灵魂"，使它能够表达人类的思想感情，从而超越了物的形式，成为一个符号。

6.1 形态语义设计

6.1.1 形态语义的本质及特征

形态语义是指事物形态的内在本质的外在语义表现，它是形态本质的外在特征表现，其表现具有一定规律性和逻辑性。从认知角度来说文字语言与形态语言表达的目的是相同的，都是启发事物的本质，都属于一类交流思想的工具，仅仅是表现的方式与形式不一样而已。

形态语言作为一个符号来说，它具有的特征是一般语言符号的特征，这些特征具体表现在它的符号性、认知性、感知性、象征的统一性、创造性、逻辑性这六个方面，其各自特点如下（图6-1）。

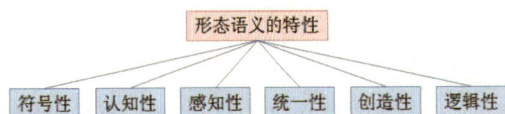

图6-1 形态语义的特性

（1）符号性：形态语言是一种符号，具有表达、交流和传递思想的功能符号特征。

（2）认知性：形态语言也是一种语言，它具有和文字语言相同的性质，也符合社会的习惯。在表达上也被约定俗成认知的因素所制约。

（3）感知性：它有表达形态的感知属性，形态语言是脱离于情感的符号，它具有表达触觉和视觉的形态的感知特征。

（4）统一性：表达形态的语义时具有词义的统一和形义对应的两个特征。形态语义即形态这一概念所涉及的语义，形态与词义的概念内容的统一是形态语言的特色。

（5）创造性：形态语言最终的研究目的是去创造新的一种状态，其逻辑结构决定其有种天生的形态发展的内容和能力，从而产生新的语义形态的能量。

（6）逻辑性：形态语言组成了语言的结构，具有推理逻辑的性质，形态的语言单位按规则组成，它具有语序特色。

设计形态中的语义不仅包括"造型"、"形状"、"图形"等外在人为形态的视觉化倾向，还在内涵、外延以及研究范畴上都发生了新的变化，对设计的认识和研究已经不能停留在外观层面，而是要深入到系统和关系层面去分析、理解和研究非可视化的原理、关系、文化、意义以及方法。

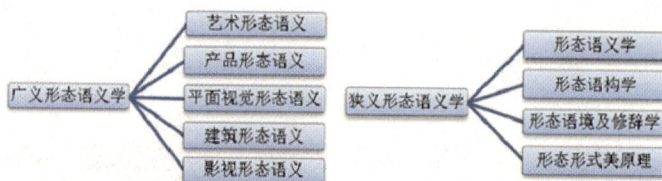

图 6-2　设计形态语义学分类

6.1.2　形态语义学研究的范畴

设计形态语义学包括广义的形态语义学，是应用学科的形态语义研究；而狭义的形态语义学是形态语言本身的基础理论研究，包括形态语义、形态结构及形态语境三个方面（图6-2）。

1. 形态语义

形态语义是对事物的形态意义与内涵意义的形态表达研究。包含形态语义表达的要求和方法研究。同时也包含着对事物感念的解释和组成该部分形态语言含义的解释说明。

2. 形态结构

形态结构包含形态的基本单位语言和之间的基本结构与法律法则的应用研究。

3. 形态语境

形态语境是对语言形态的背景研究，探索形态语义和认知的传达，在使用对象和使用环境中对语义形态表达的研究。

这三方面构成了形态语义学的核心内容。他们相互依存、互为区别并各有研究的侧重点，由此可见，形态语义学是一个完整的语言符号系统。

6.1.3　形态语义学的结构体系

1. 产品形态的语义分析

克里彭多夫认为产品不仅应具备基本使用功能，更需要能够表达使用方式、具有象征内涵、构成象征语境。设计形态语义学将产品作为信息传播的载体，通过对产品形态的联想、类比、明喻、借喻等方式来建立受众和产品之间的语义传达关系，使受众接受和理解产品的内涵，了解设计师的产品设计理念，使产品和受众能够有更深层次的情感交流。

产品形态和触觉是设计形态语义表达的主要方式，包含认知语义说明产品是什么、如何操作；情感语义传达产品的精神内涵和个性特征，引起大众情感方面的共鸣；象征语义根据产品所处生活环境和时代背景，来表达产品的象征含义。这三方面既是产品语义的内容，也是产品形态的作用。

产品的形态语义表达是由能指和所指共同构成一个符号系统。能指是产品的符号外在表现。所指就是产品的符号内涵，是人们接受能指要素后形成的印象和理解。

2. 产品形态语义的内涵和外延

产品符号的内涵是在产品形态语义中隐喻的潜在信息，这些信息需要受众理解后才能得到，就是由产品形态语义间接表达产品功能本质之外的信息。产品符号内涵是产品的象征系统，在消费者的使用过程中表现出产品的文化性、社会性和心理性等象征含义。就像有的产品给人以高级、有趣和可爱的感觉，或通过语义感受到产品文化象征意义，或由产品传达企业形象，或者传达使用者的社会阶层地位等。

产品的外延属于产品最明显和最基本的含义，是产品直接传达给受众的信息，就是由产品的形象直接说明的产品内容和属性，设计师通过对产品造型、色彩和细部使用功能的设计，表达产品的功能价值。说明产品有什么作用、怎样正确操作、质量如何等。这些内容设计师不可能去直接告诉消费者，只能通过产品自身进行解答。产品外延的信息传达是实际形态语义学的重要研究内容，产品外延的表达是产品认知的重要途径，像现在的一些电子产品追求形式美而减弱产品外延设计，造成了消费者认知和使用产品的困难。设计师可以通过设计形态语义学的语义表达方法，把产品信息转化为产品形态语言。

3. 设计形态语义的造型要素

设计形态语义学的研究对象是产品造型，在设计形态语义学中，产品的造型要素包括：形态要素、色彩要素和材质要素，各个因素所包含的内容如下。

（1）形态要素

"形"是物体的形状或外形；"态"指物体的姿态或神态。形态语义的传达是产品造型的重要表达方式，设计师通过形态语义来表达自己的产品设计理念。消费者通过产品形态表达的信息选择产品。产品的形态要素包括尺度和形状。

图6-3 点线面形态要素

①尺度

每种产品都有涉及尺度的大小，尺度是产品与产品、产品与人的大小关系。尺度是形态表现的基础，没有尺度的物体是不存在形态的。

②形状

形状的构成方式是点、线、面三个要素的组合或运动变化（图6-3）。

点：在设计美学中是这样定义的，点包含色彩、形状、大小等视觉元素，可以表示位置。

线：是点移动的轨迹。造型设计中的线也可以呈现粗细、光滑、粗糙、连续、扭曲等不同的状态。

面：由线移动的轨迹构成，面主要分平面和曲面两大类。

利用点线面的运动和组合，通过精准的计算得到规则、简单、单纯的几何形，按照它的形状大致可以分为圆形系列、三角形系列、方形系列三类，这些简单的形体却充满着力量感、扩张感或运动感。

产品的形态大部分都是由有机抽象符号形态与几何形态结合构成，这些形态一般有其内在的规律性，适合机器加工和生产。设计者要运用合适的形态来表达其设计理念。

（2）色彩要素

色彩是产品外观的基本属性之一，它既包含强烈的装饰性，还具备一定的象征语义。人们对色彩有深刻的理解，对于产品的色彩来讲，它对消费者的生理刺激和视觉感受是直接而强烈的，色彩可以与消费者的生活经验、心理联想或生理的反应产生共鸣，以达到更好的语义传达效果，而且色彩的变化要比形态的变化更容易把握和调整，色彩调整的代价更小。

色彩语义表达是强劲的，黑色让人感觉凝重，白色让人感觉单纯，蓝色让人感觉宁静，红色让人感觉热烈，紫色让人感觉神秘。如相机外壳大多选择黑色为主，除了传达谨慎、稳重的语义外，还是为了提醒人们要注意避光。

（3）材质要素

材料有肌理和质感传达语义信息，材料肌理可以按使用方法，比如产品表面凹凸不平，它的纹理可以增加接触面的摩擦力作为工具的手持部位。产品设计选择合适的造型材料来实现人性化设计，会使消费者感觉受到设计的关怀，增加产品的归属感。

不同材质的不同肌理质感会给消费者带来不同的内心感受，例如玻璃或钢材会使产品有着强烈的现代气息，竹材或木材会让消费者感到自然古朴的亲和感。产品材料的肌理和质感将直接影响到产品设计最终的视觉效果。

优秀的产品通过色彩、形态、材质三方面的相互协调来传达产品形态语义信息，以此表达出物质形态所隐喻的内在精神。这种内在精神是通过消费者对产品的认知和理解来实现，在产品与消费者的互动过程中来满足消费者的内心精神需求，以实现产品形态的情感价值。在色彩、形态、材质的具体选择问题上，设计师还需要根据产品的定位和思想主题，来实现设计形态语义的传达。

4. 形态语义的传达要素

形态语义传达的要素包括人、产品和环境，这三者在产品形态语义传达过程中相互依存、相互制约，设计师必须系统地考虑三者在产品形态语义传达过程中的关系，才能设计出符合大众需求的产品并能顺利被消费者认知选择。

（1）人

人不单单是形态语义的编码者（设计师），也是形态语义的解码者（消费者），产品正确定位后，设计师还要准确无误地通过产品形态传达其语义信息，这也就需要设计师深入了解消费者的行为、心理、生理和认知过程，分析消费者的语义接收过程，完成情感语义的准确传达。

（2）产品

产品是带有一定语义信息的人造物体，也是形态语义的载体，它是消费者和设计师的沟通桥梁。消费者在产品的体验或使用过程中，认知设计师的设计意图与理念，同时实现产品的使用价值。设计师通过产品形态语义传达其设计构思和理念，从而实现产品的设计意图和设计定位，产品在某种意义上是生活方式的影响和创造者。

（3）环境

环境是指产品的使用环境，环境还包括消费者使用产品的过程中受众与产品的关系。设计师在产品定位和设计形态语义表达时，应将产品置在预先指定的环境中，才能准确地设计产品的行为角色和形态语义。

产品语义信息传达要考虑产品的使用环境，产品的定位也要包括其使用环境。此外，人的心理和情绪在不同的氛围环境中也会受到影响，导致使用者对其产品语义的辨别受到影响。比如说，具有家庭环境语义的产品就非常不适合在办公室的环境下采用。

5. 形态语义的设计要素

（1）产品语境

语境表示词或句与上下文的关系或上下文语言环境。产品语境分成广义和狭义两种。广义的产品语境包括产品具体使用环境、更广的文化社会环境（即常常所说的文脉一词）与人们所生存的自然的大环境。狭义的产品语境是产品具体的使用环境，由于受众的社会环境、历史文化和个人阅历的不同，导致符号的认知方式和认知能力不同。

（2）产品形态的角色传达

每个产品在具体的使用环境中其形态语义也传达着相应的角色信息。对应于产品形态语义的功能、情感和象征三个方面，每个产品也要同时扮演三个角色：第一个产品使用机能角色，体现产品的功能属性；第二是情感角色，是联系产品与人的内心情感的角色，即产品的内涵；第三是产品象征角色，反映出产品的文化性和社会性的象征价值。

产品角色在产品设计的形态语义表达过程中，可根据人、物、环境的相互关系准确定位。产品角色的形态语义传达的实现，是通过消费者对产品形态语义的认知完成的；产品形态语义的机能角色通过传达其功能、操作方式、品质等，来确立产品的固有功能属性，引导人们正确使用产品；而产品的情感和象征角色，是通过产品形态语义传达产品的社会、文化和心理的信息，来赋予产品精神内涵，实现产品与受众之间心灵的沟通。

①机能角色

每种产品的形态语义都必须能够直接地表达其产品使用功能，使得受众能够从形态语义中直接读取它的使用内容，也就是该产品必须带有的或可以延伸的功能。受众使用产品第一需求就是产品机能角色的表达，机能角色语义表达是根据产品的基本功能及产品客观的物质性来确立。就是根据消费者对产品的基本功能需求和产品使用过程中与人和环境间的关系准确定位产品的设计形态，从而达到消费者对产品功能形态的有效认知。

②情感角色

产品情感角色的表达需要依赖于产品自身特定的语境，在不同的语境下，产品所扮演情感角色会出现巨大差异。例如一个日本人的服饰上印有日本国旗，人们认为这是一种爱国表现，但在中国穿带印有大面积国旗的服饰却是不被允许的，这就是国家文化语境的差异。在设计师需要在给予产品情感角色的时候，要细心观察和感受使用者使用的整个过程，并且需要设身处地去感受，并尽可能满足需求。如儿童用品的圆角韧性设计、老年人的防滑性设计等。

③象征角色

象征角色是设计师根据产品使用者的价值取向和产品含义创造的。换句话说，产品周围的社会、物品、文化环境和自然环境，都要被设计者考虑到，加上大多数人的情感诉求，优先选择些具有明显的象征意义的形态，需在机能角色可以决定的状态范围内，最终实现产品形态语义象征意义的传达。

事实上，产品的象征角色和情感角色都是消费者的认知理解和价值判断，是消费者在产品形式与机能角色的主观认知过程。形式与内容的外在表现形成了产品的能指语义，消费者在理解能指的过程中形成了产品主观意识中的所指语义。所以，情感角色和象征角色同属于消费者主观认识的产品内涵。

6.1.4　形态语义应用方法

1. 形态的语义分析法

形态语义分析首先要对产品的意义或概念含义进行分析。设计师可以从以下两方面进行分析：概念的文字语言的语义分析；概念的形态语义分析。把概念的文字语言通过分析变成可以传达消费者的形态语言。两种分析都是为了传达产品的本质特征和内在含义，以便于消费者的认知。

例如"生命"概念的语言语义分析，"生命"在《辞海》的解释为："生物体所具有的特有现象。能够生长、发育或运动，具有适应环境变化的能力，可以利用外界的物质形成自身和繁殖后代。"在这里完整地描述了"生命"的内涵及外延，即完整地表达了文字所传递给我们的信息。这对生命科学的研究来说是严密的、准确的。但设计师想表达"生命"却有不同的要求，因为设计师要把"生命"这个文字符号变换成人们可以认知理解的形态符号，要提取能够反映生命本质的造型因素，将生命的概念语言变为可触、可视和可认知的形态语言。

在《艺术问题》一书中，苏珊·朗格提出了生命的逻辑形式，分析了生命的基本特点，并将生命的逻辑形式概括为有机性、运动性、节奏性和不断成长性，这四个特点可以区别无生命与有生命的事物。

（1）有机性：一切生物都是有机体，生物的有机体区别于非生物的几何体，是"生命"的主要特征。

（2）运动性：生命的形式也可以理解为运动的形式，生命活动也就是生命物质运动的一种形式。

（3）节奏性：生命的运动形式是生命机能构成有节奏的运动。

（4）不断成长性：生命是处在不断生长与消亡的过程中，具有新陈代谢的特征。生命活动也就是生命物质生长及消亡的过程，它包括从生命的孕育、分离、生长到衰亡整个过程。

苏珊·朗格还认为，人作为高级生命体，其机能"都是从一种更加深层次的情绪中进化而来"。这种情绪的基本特征就是能动性、不可侵犯性、统一性，这就是生命一时的形态语义分析。有机性、运动性、节奏性、不断成长性、不可侵犯性、统一性、能动性，这些语言含义都是感知、情感的表现形式，它们都反映出生命体的本质，这正是形态语言表现的主要特色。

形态语义的分析是通过对概念语言的含义分析，准确把握概念的特征和本质，再设计出能够反映这些本质特征的形态感知因素，从而得到产品正确的形态的结构特征、语义特征和市场定位，最终帮助设计师完成产品形态创造和形态语义分析。

2. 形态语义结构分析

任何语言都有其自身的结构要求。作为一种思想交流的工具，应遵循约定俗成的原则。从人类文字语言的产生、发展过程来看，最初的文字是用来体现某一对象的简单称谓或关系，以后这种称谓分化为具体与抽象两种含义，由此可以看出语言是在一定的语法、句法的逻辑规律中形成的。这些关系经过大众认可和认知，形成了文字语言的结构。

形态语言自身也有其逻辑结构规律。过去人们一直认为形态属于情感符号，情感符号是非逻辑的符号系统，它们的组成单位不是单词，缺乏像文字语言那样的组合关系，所以不具备逻辑推演特征。经过研究发现，事实不是这样的。作为具有感知性的形态是有语义结构的，这种语义也是由多个语言单位组成，按一定语序进行排列，其间也具有一定的约定俗成的关系。当这种语言单位以形态面貌出现时，就具有像单词文字一样的性质，我们称之为形态单词。几种形态单词的组合可以构成形态句式。

这里同样以前面论述的关于"生命"一次的分析为例。

从苏珊·朗格对生命体四个特征分析的顺序：有机性、节奏性、运动性、不断发展性，就具有逻辑推演规律，它们具有不可逆转的特性。

（1）立体知觉特征是生命体形态语义的主要结构。

立体知觉特征必须包含以下形态语义的感知要素：构造感、体量感、有机感、形态要素和材质要素。我们可以将这些形态语言要素看作单词，用这些形态语义单词组成的构造形式就是形态设计中的一种语言句式。

（2）生命体的形态语义要具有运动知觉特征。

生命的运动知觉特征包括以下基本形态语义元素：运动感、速度感、方向感。这一形态语义是运动的综合形式，即一种高级形态句式语言。

（3）生命体形态语义要具有生命知觉特征。

这种特征是建立在立体知觉特征和知觉运动特征的基础上，对这两项特征内容的延伸或扩展。生命知觉特征包括不断生长性、节奏性、不可侵犯性基本形态元素。这些形态都是生命形式的立体知觉、运动知觉在生命知觉中的特殊表现。

①有机性是生命体对立体知觉中基本形的限制。

②节奏性是生命体对立体构造形式和运动速度的选择。

③不断成长性离不开运动知觉，它必须具有方向、速度、运动力和运动形式的整体特征，同时也离不开立体构造、体量，它集中生命全过程的情态语言形式。

④不可侵犯性是生命体中力的对立，它具有方向、速度等特征。还具有反抗、不屈等情感表情因素，是集以上特征形态语义的综合，可以说是一种形态文本语言形式。

总之，从以上分析可以看出，具有感知性的形态，它的语言单位之间具有一定的逻辑推演特征，他们之间具有文字语言那样的组合关系，同时这种关系还具有约定俗成的性质。形态语言有其自身的语言结构规律。从以上分析也可以看出，形态语言的逻辑结构特征，为人们留下许多拓展语义内涵的空间，这种语言结构具有一种天生的发展形态内容，并具有产生新的形态语义的能力。

6.1.5　产品形态语义学

产品设计是创造更合理的生活方式，为人所用，必然要以人为本。设计一个产品必须让人理解产品所荷载的信息。所有者一目了然地了解到"这是什么，它的功能是什么，如何使用"等，这便是产品语义学。通过设计者对设计主题进行分析、归纳提炼，并进行形义转换的抽象思维功能，来体现产品与人之间的情感交流。

产品语义学是在符号学理论基础上发展起来的。产品的外部形态实际上是视觉符号的传达。产品形态设计的实际也就是对各种造型符号进行编码。综合产品的结构、形态、色彩、肌理等视觉要素，表达产品的实际功能、说明产品特征和使用方式。产品形态是满载信息的传达目的外，还要传达产品的文化内涵，表达设计师的设计哲学，体现特定社会的时代感和价值取向。

产品与使用者情感沟通的主要媒介是产品的造型要素，产品中传的信息来源于形态与表达产品功能的相似性关系、社会文化传统所规定的象征性关系。一件产品的象征性意义是使用者的精神追求，是产品的精神功能。产品形态所传达的产品功能使用方式等相似性关系是产品的物质功能，是通过使用者的感觉、知觉、思维和判断而理解的。由此，产品语义可分为象征性语义、感知觉语义。

1. 产品形态的象征语义

产品形态的象征语义是将产品的形态与它的功能建立一种形与义之间的内涵。在产品语义中，设计者往往采用明喻、暗喻、象征、联想等方式来完成产品的形态与功能之间的对接。在工业设计历史中，这样的例子举不胜举，如直升机与蜻蜓的对接，电话设计中的话筒的沟通功能与桥梁的沟通功能的对接等。

形态的表现必须与产品的功能特征相吻合，要反映产品性质，要达到这个佳境，必须具备两个基本功力：创意之功与表现之功，两者相辅相成缺一不可。土耳其的冰滴烛台，冰雪融化的表现形式使造型栩栩如生，远远超出了烛台本身价值。Ice drop 烛台就像树上垂悬的冰柱，或是桌边融化后凝冻的蜡烛。自然优美的外形就像流动的水在刹那间凝结而成（图6-4）。

2. 产品形态的感觉和知觉语义

认知形式是通过产品与人进行交流的最有力、最必不可少的手段。在心理学领域，感觉是人脑对直接作用于感觉器官的事物的个别属性的反映，是

图 6-4　土耳其的冰滴烛台

人类认识的开端，是一切高级心理现象的
基础。知觉是人脑对直接作用于感觉器官
事物的各种不同属性、各个不同部分及其
相互关系的综合反映，知觉的产生要以感
觉为基础，但它不是各种感觉的简单总和，
它包含着对事物个别属性、个别成分之间
相互关系意义的理解。

（1）视觉语义：视觉是通过视觉系
统的外周感觉器官（眼）接受外界环境中
一定波长范围内的电磁波刺激，经中枢有
关部分进行编码加工和分析后获得的主观
感觉。视觉语义通过人眼而获得的外在形
态信息，如形状与色彩最直观的视觉感受
（图6-5）。

（2）触觉语义：触觉是接触、滑动、
压觉等机械刺激的总称，触觉器是遍布全
身并位于人的体表，依靠表皮的游离神经
末梢能感受温度、痛觉、触觉等多种感觉。
触觉语义是通过人的肤觉而获取产品信息，如蘑菇灯是通过我们对蘑菇灯头部的按压来调节灯的明暗程度
（图6-6）。

图6-5 兰博基尼

图6-6 蘑菇灯

图6-7 自鸣式水壶

（3）听觉语义：听觉是声波作用于听觉器官，使其感受细胞兴奋并引起听神经的冲动发放传入信息，经
各级听觉中枢分析后引起的感觉。听觉语义是通过物的声音作用而传达的产品信息。如自鸣式水壶当水烧开时，
它会发出欢快的鸟鸣声（图6-7）。

6.2 汽车形态与语义分析

"汽车是工业文明之境"，它不是单纯的物质和文化载体，不仅仅带来了以车代步的便捷，更重要的
是如实地反映了社会变迁和人类的生活风貌。回顾20世纪的发展，影响了整个生活的经济结构和发展速度，
彻底改变和提高了人们的生活方式和生活质量。

6.2.1 汽车形态语义分析

汽车的形态语言语义如下：

1.基本功能的形态语义分析

（1）基本功能形态语义分析

①汽车形体尺寸；

②汽车使用空间的分配；

③汽车内部结构的语义；

④汽车运动时安全以及可靠性能的语义；

⑤汽车运动时速度感语义。

（2）操作功能的形态语义分析

①乘坐时坐姿舒适性的语义；

②操控时驾驶员手握方向盘舒适性的语义；

③汽车运动时仪表盘的易识别性；

④人车交流的舒适性。

2. 情感形态语义分析

①形态的形式美感语义分析；

②适合不同消费水平的汽车档次形态特征的受众心理语义分析；

③满足功能下的形态特征的个性语义分析。

3. 市场形态语义分析

①汽车品牌特征形态的语义分析；

②消费者对汽车形态认知习惯的语义分析；

③消费群对汽车形态心理需求的语义分析；

④汽车价格定位和档次、款式之间的形态语义分析。

4. 当下大众流行形态语义分析

①汽车造型流行趋势的形态语义分析；

②汽车色彩流行趋势的形态语义分析；

③汽车材料流行趋势的形态语义分析；

④汽车功能流行趋势的形态语义分析。

6.2.2　汽车符号的认知语义

1. 整体形象认知

任何一辆汽车都是以造型、色彩、材质、
结构等要素组合而成，人们通过自己的各种
感觉来感知这些形式要素，从而认识、了解
汽车。汽车的整体形象认知回答了汽车是什
么的问题。

图 6-8　吉普越野车

首先，汽车的整体形象给人们一种体量感，而不同体量感的汽车传达给人们的语义信息也不同。例如，
越野车通过其高大的形象、粗犷的风格、厚实的感觉告诉人们它是为了穿山越岭而造，具有很强的爬坡能
力和强大的马力等（图 6-8）。

其次，汽车的整体形象体现了不同的市场地位。消费者根据汽车整体外形就可以判断是运动型轿车、
紧凑型轿车还是豪华轿车。

2. 局部形象认知

汽车整体也是由局部组成的，受众可以进一步地通过细节来考察汽车的型号、品牌、性能、操作方式、
乘用舒适度等语义，也就是回答了关于汽车如何操控及产品问题。

各大汽车厂商往往通过外形局部造型风格的稳定来保持其自身品牌的纯正血统、品牌的延续性和品牌

图 6-9　保时捷 911 车形

辨识度。保时捷公司就是一家深谙其道的小型汽车企业。自从 1945 年费迪南德 · 保时捷设计出第一款保时捷之后，其基本造型形式就没有大的改变，但是又不失时尚。图 6-9 是历经几代不变"英雄本色"的保时捷 911 系列车形。

（1）车身外形局部形象认知

从一辆车的外形设计上就完全可以体现出汽车制造企业的整体设计与管理水平。世界上所有的高性能汽车都有一个漂亮而且独具个性特征的外部造型，如奔驰、宝马、法拉利和保时捷等著名汽车都有一个与它们的高性能相匹配的外形，没有任何一个企业的汽车的外表是丑陋而具有超高的机械性能的。因此，受众完全可以凭借汽车的外形的好坏来判断汽车性能的高低。

（2）车身内饰局部形象认知

相对于车身外形局部的形象认知，内饰局部形象更偏重于操作性能方面。例如方向盘有转动的语义，门手柄有向上的掀起或向外拉或向左右推的语义，座椅旁的装置有如何去调节座椅的语义，仪表盘更有显示汽车行驶状态路况的语义（图 6-10）。

汽车形态语义设计可以使设计师准备地把握形态的语义内涵，消除形态设计中信息传递的误导，启示汽车设计的本质特征。最终通过对汽车的形态语言语义分析，找出汽车基本功能的形态语义、操作功能的形态语义、情感形态语义、市场形态语义以及当下大众流行形态语义，最终完成汽车设计。

图 6-10　保时捷 911 车形内饰

7 第7章 汽车设计中的人机工程学分析

人机工程学是从20世纪50年代开始迅速发展起来的一门综合性的新兴的边缘学科，起源于欧洲，形成于美国，发展于日本，作为一门独立学科的历史已有60余年。

随着人机工程学的不断发展，人机工程学所涉及的研究和应用领域不断扩大，以人为本的设计理念使得汽车设计中人机学应用越来越广泛。在汽车设计中人机工程学称为车辆人机工程学，它是以改善驾驶员的劳动条件和车内人员的舒适性为核心，以人的安全、健康、舒适为目标，力求使整个系统总体性能达到最优。汽车的外观造型中人机的应用满足人的精神需求、心理需求，在内部设计中的人机学应用使得操控性能、乘坐性大大增加，使人感受到舒适、安全与乐趣。

7.1 人机工程学概论

7.1.1 人机工程学的定义

人机工程学有多种学科名称，人机工程学国际上常见的名称有：

（1）人类工效学，或简称工效学，英文为 Ergonomics，这个学科名称出现最早，欧洲各国和世界其他地区，根据这个名称翻译为本国文字的较多，因此这个学科名称在世界上应用最广。

（2）人的因素（学），英文为 Human Factors，这是美国一直沿用的名称。由于美国在该学科的影响力，某些东南亚国家和我国台湾也采用这个名称。由这个名称派生出来的名称还有人因工程学，英文为 Human Factors Engineering。

（3）人类工程学，英文为 Human Engineering，类似的名称有人体工程学。

（4）工程心理学，英文为 Engineering Psychology，有人认为在这个名称下的学科研究更专注于心理学方面，因而与其他名称多少有点差异。

（5）其他名称如人－机－环境系统工程学、宜人性设计（人机工程设计）等，研究内容相同或相近。在日本该学科的日文汉字是"人间工学"。

在人机工程学发展的不同历史时期，不同的学者提出过多种关于人机工程学的定义，分别反映了当时人机学学科思想的侧重点。目前，国际人机工程学学会（IEA，International Ergonomics Association）对人机工程学的定义为：人机工程学是研究人在某种工作环境中的解剖学、生理学和心理学等方面的因素（研究对象）；研究人和机器及环境的相互作用（研究内容）；研究在工作中、家庭生活中与闲暇时如何考虑人的健康、安全、舒适和工作效率的学科（研究目的）。

7.1.2 人机工程学的研究对象

人机工程学的研究对象是人—机—环境系统，简称人机系统。人机工程学既要研究人—机—环境系统

的各个组成部分的属性，更要着重研究人—机—环境系统的总体属
性，以及人、机、环境之间的相互关系的规律。

人机系统：指"人"与所对应的"物"共处于同一时间及空
间时所构成的系统。"人"指的是在所研究的系统中参与系统过程
的人；"机"则泛指一切与人处于同一系统中并与人交换着信息、
物质和能量的、供人使用的物；"环境"指的是"人"、"机"共
处的、对"人"和"机"有直接或间接影响的周围外部条件。如图7-1
所示的人机系统构成图（图7-1）。

人机界面：人机系统中，"人"与"机"之间能够相互施加影响、
实现相互作用的区域为人机界面，按人机界面的性质，可将人机界
面大致分为控制系统人机界面、直接作用型人机界面、间接作用型
人机界面三类。

图7-1　人机系统构成图

人机关系：人机关系的基本原则可以归纳为机宜人、人适机两个方面。机宜人是有条件的，人适机也
是有限度的。人机系统中的机宜人与人适机是相对的。任何一个人机系统既要机宜人，也要人适机。调整
这种人机相互匹配关系最根本的制约条件就是人的可能性与人的可靠性。

7.1.3　人机工程学的发展

自人类社会开始，就有了最原始的人机关系——人与器物的关系。原始人狩猎用的棍棒、石块或投枪，
其尺寸、重量总是与人的体能大体相适应的。大约两千四百多年以前的战国初期，我国就出现了第一部科
技汇编名著《考工记》。它的历史与科学价值名闻中外，联合国教科文组织已决定将《考工记》译成六种
联合国的工作语言（中、英、法、俄、西班牙、阿拉伯文）以广泛流传与研究。在这部古代科技名著中，
对一些器物制作应考虑的宜人性问题已有相当深入、十分精彩的论述。

《考工记》中就有关于兵器握柄形状、弓箭的制作和掘土工具"耒"的论述，既考虑到了器物的形态
尺寸应于人的解剖生理状况互相协调，又考虑到了器物的使用条件和环境。

随着人类社会的发展，人造器物和机器不断得到改进，由简单到复杂逐步完善，这种实际存在的人机
关系及其发展，可称为经验的人机工程学。我国古代的指南车，是最早的自动控制系统，其设计原理与现
代人机工程学的反馈原理相吻合，是经验的人机工程学的典型应用实例。

经验的人机工程学一直延续到第一次产业革命时期。第一次产业革命时期（1750—1870年）以蒸汽
机的广泛使用为主要标志，以法国Jacquard在纺织机械上使用穿孔卡片进行程序控制和英国Watt设计
蒸汽机的调速器为代表，开始实现自动调节和控制。与此相适应，人机工程学开始由经验逐步上升为科学。
1884年德国学者A Mosso进行了著名的肌肉疲劳试验，该项研究可以说是科学人机工程学的开端。

第二次产业革命时期（1870—1945年）以内燃机和电机的广泛使用为主要标志，1898年美国学者
Frederick W Taylor进行了著名的铁锹铲煤作业的试验。Frank B Gilbreth夫妇首创采用当时先进的高
速摄影（电影拍摄）方法，研究工人的砌砖作业动作过程。20世纪初，F W Taylor关于操作方法的研究
成果在美国和西欧一些国家得到推行，并成为提高劳动生产率的"泰罗制"，F W Taylor的研究为科学人
机工程学的建立奠定了基础。生产科技从机械化时代进入电气化时代。

第一次世界大战，各参战国都聘请心理学家解决战时兵种分工、特种人员选拔和训练、军工生产中的作业

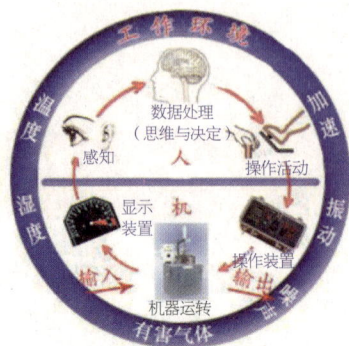

疲劳等问题。美国哈佛大学心理学 Munsterberg 教授的代表作《心理学与经济生活》和《心理工艺原理》是人机工程学的最早著作。这一时期的研究者多是一些心理学家，当时的学科名称是"应用实验心理学"，其特点是选择和训练人，使人适应机器。战后，心理学的应用推广到非军事领域，学科名称改成了"工程心理学"。

　　第二次世界大战期间，工程技术设计思想开始发生了一个根本性的转变，由"使人适应机器"转变为"使机器适应人"，生理学家、心理学家、医生和工程技术专家共同研究解决武器和装备的优化设计的实践，促进了人机工程学作为一门独立的新兴学科的形成和发展。

　　以电子技术的广泛应用为主要标志的第三次产业革命开始（1945 年）以来，随着工业技术的发展，工程技术设计中与人的因素有关的问题越来越多，人机协调问题越来越显得重要，从而促使人机工程学的研究和应用得到更广泛而迅速的发展。

7.1.4　人机工程学的学科构成

　　人机工程学是一门综合性的边缘学科，其基础理论涉及许多学科。除与技术工程学科有着密切的关系外，还与人体解剖学、人体测量学、劳动卫生学、心理学（特别是工程心理学）、安全工程学、行为科学、环境科学、技术美学等有着密切联系。人机工程学的应用范围十分广泛，从日常用品到工程建筑，从大型机具到高技术制品，从家庭活动到巨大的工业系统，各个方面都在运用人机工程学的原理和方法，解决人—机—环境之间的互相关系和系统优化的问题。

　　人机系统的构成，可以分为人、机、环境三个子系统。在人—机—环境系统中，人、机、环境每个子系统的功能由每个子系统的结构所决定，三个交叉系统的功能由各自的结构所决定，而整个人—机—环境系统的功能则由人—机—环境系统的总体结构所决定。根据系统学第一定律知道，系统的整体属性不等于部分属性之和，其具体状况取决于系统的组织结构及系统内部的协同作用程度，因此，对人机工程而言，既需要对人、机、环境每个部分的属性进行深入的研究，又需要对人—机—环境系统的整体结构及其属性进行研究，以达到整体优化的目的（图 7-2）。

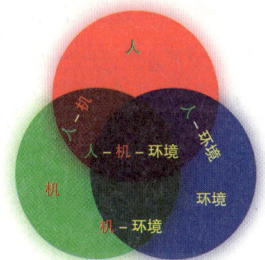

图 7-2　人—机—环境系统
的构成

　　1. 人的特征的研究可大体归纳为以下几个方面的内容：

　　　（1）人体尺寸及人体测量技术；

　　　（2）人体的力学性能；

　　　（3）人的劳动生理功能；

　　　（4）劳动中人的心理过程；

　　　（5）人的信息传递功能；

　　　（6）人的可靠性；

　　　（7）人员选拔和训练；

　　　（8）人的动作时间研究；

　　　（9）人体模型。

　　2. 机的特征的研究可大体归纳为以下几个方面的内容：

　　　（1）信息传递技术；

　　　（2）操纵控制技术；

　　　（3）安全保障技术；

（4）动力学仿真技术；

（5）宜人化技术。

3. 环境特性的研究可大体归纳为以下几个方面的内容：

（1）作业空间；

（2）物理环境；

（3）化学环境；

（4）生物环境；

（5）美学环境。

4. 人—机关系的研究。

（1）人机系统功能分配；

（2）人机界面优化匹配；

（3）人机系统特性协调；

（4）人机系统可靠性；

（5）人机系统安全性。

5. 人—环境关系的研究。

6. 机—环境关系的研究。

7. 人—机—环境系统总体性能的研究。

简而言之，人机工程学的主要研究内容可以概括为机器系统中直接由人操作或使用的部件，应设计成便于操作者有效使用，以保证人机系统的工作效能达到最优。从保证人的安全、健康、舒适和高工作效率出发，提出环境控制和安全保护装置的设计要求与数据。

7.1.5　车辆人机工程学

在汽车设计中人机工程学称为车辆人机工程学，它是以改善驾驶员的劳动条件和车内人员的舒适性为核心，以人的安全、健康、舒适为目标，力求使整个系统总体性能达到最优。

车辆人机工程学应用人体测量学、人体力学、劳动生理学、劳动心理学等学科的研究方法，对人体结构特征和机能特征进行研究，提供人体各部分的尺寸、体表面积、比重、重心以及人体各部分在活动时的相互关系及范围等人体结构特征参数；还提供人体各部分的出力范围、活动范围、动作速度、动作频率等人体机能特征参数，分析人的视觉、听觉、触觉等感觉器官的机能特性。

机动车辆的种类很多，其用途、功能、使用条件各不相同，对其性能指标、结构参数、人机关系匹配等方面的具体要求差别很大。然而各种机动车辆所面临的人机工程问题，在很大程度上却有共同的内容。

目前，车辆工程领域的人机工程问题可大致归纳为如下八个主要方面：

（1）机动车辆驾驶操纵人机界面的优化匹配；

（2）机动车辆的行车安全性及车内乘员的人体保护技术；

（3）机动车辆乘员的乘坐舒适性；

（4）机动车辆的噪声控制；

（5）机动车辆车内小气候环境的宜人化控制；

（6）机动车辆驾驶员的驾驶适宜性；

　　（7）机动车辆的道路适应性；

　　（8）人—车—路系统的综合优化；

　　车辆设计和使用中的人机工程问题既广泛又典型，几乎覆盖了人机工程学的全部主体内容，它们一直是过去几十年中研究的热门。其中，尤以轿车设计和使用中的人机工程问题最具代表性和先进性。

　　车辆人机工程专家面临的挑战将是怎样使人体特性的差异如此巨大的轿车驾驶者和使用者群体中的大多数人在大部分时间里对轿车的使用性能都感到满意。整个道路交通环境的改善将使轿车的驾驶者成为整个智能交通运输系统的组成部分之一，从而将其控制目标转向于谋求有限的道路通行能力的优化利用及整个系统的安全、高效运行。

　　随着能源与环境问题倍受人们关注，车辆技术发展的又一趋势可能是各种非石油燃料车辆，特别是电动汽车的大量使用，这些新型的车辆将带给驾驶者许多新的驾驶操纵特性，对车辆设计和使用提出某些新的人机工程问题。

　　由于信息技术的发展和社会生活网络化程度的提高，轿车作为通勤交通工具的功能比率将渐趋下降，而用于休闲娱乐的功能比率将渐趋提高，人们对轿车的宜人性、乘坐舒适性越来越关注。轿车作为一个活动的家，将要求车内空间增大，内部装饰更具有家庭的温馨气氛。

　　未来社会大环境的变化必将为人机工程学的发展提供新的机遇和更加广阔的前景，也必将对车辆人机工程学提出许多新的研究课题，从而引起车辆人机工程学研究重点的转移。

7.2　人体参数

7.2.1　人体测量的分类

　　人体测量数据是人机系统设计的重要基础资料，根据设计目的和使用对象的不同，需要选用相应的人体测量数据。

　　1. 按测量内容，人体测量可分为以下四类：

　　（1）静止形态参数的测量；

　　（2）活动范围参数的测量；

　　（3）生理学参数的测量；

　　（4）生物力学参数的测量。

　　2. 人体测量的参照系（图 7-3）。

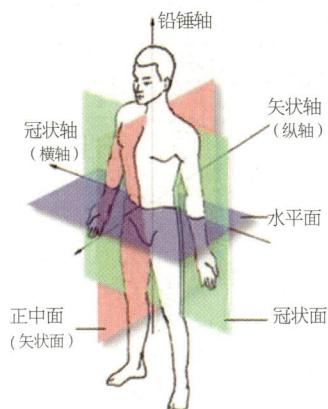

图 7-3　人体测量的基准平面和基准轴

　　为了人体测量的需要，根据人体关节形态和运动规律，设定三个互相垂直的基准轴和三个互相垂直的基准平面作为人体测量的参照系。测量基准轴有：（1）铅垂轴；（2）矢状轴；（3）冠状轴。测量基准面有：（1）矢状面；（2）冠状面；（3）水平面；（4）眼耳平面。

　　3. 测量姿势

　　人体测量时，被测者必须保持规定的测量姿势，并且在裸姿情况下进行测量。测量时被测量的标准姿势有两种。

　　（1）立姿：被测者挺胸直立，头部以眼耳平面定位，眼睛平视前方，肩部放松，上肢自然下垂，手伸直，手掌朝向体侧，手指轻贴大腿侧面，膝部自然伸直，左、右足后跟并拢，前端分开，使两足大致呈 45°夹角，体重均匀分布于两足。

（2）坐姿：被测者挺胸坐在被调节到腓骨头高度的平面上，头部以眼耳平面定位，眼睛平视前方，左、右大腿大致平行，膝弯曲大致成直角，足平放在地面上，手轻放在大腿上。

7.2.2　人体尺寸

国家标准 GB 10000-88《中国成年人人体尺寸》按照人机工程学的要求提供了我国成年人人体尺寸的基础数据。人体主要尺寸包括身高、体重、上臂长、前臂长、大腿长、小腿长等六项，除体重外其余五项主要尺寸的部位如图 7-4 所示，表 7-1 列出我国成年人的人体主要尺寸。

表 7-1　人体主要尺寸（对应图 7-4）

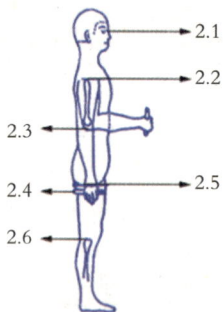

年龄分组	男（18～60岁）							女（18～55岁）						
百分位数	1	5	10	50	90	95	99	1	5	10	50	90	95	99
身高 /mm	1543	1583	1604	1678	1754	1775	1814	1149	1484	1503	1570	1640	1659	1697
体重 /kg	44	48	50	59	71	75	83	39	42	44	52	63	66	74
上臂长 /mm	279	289	294	313	333	338	349	252	262	267	284	303	308	319
前臂长 /mm	206	216	220	237	253	258	268	185	193	198	213	229	234	242
大腿长 /mm	413	428	436	465	496	505	523	387	402	410	438	467	476	494
小腿长 /mm	324	338	344	369	396	403	419	300	313	319	344	370	376	390

立姿人体尺寸包括眼高、肩高、肘高、手功能高、会阴高、胫骨点高等 6 项（图 7-5）。

表 7-2　立姿人体尺寸（对应图 7-5）　　　　　单位：mm

年龄分组	男（18～60岁）							女（18～55岁）						
百分位数	1	5	10	50	90	95	99	1	5	10	50	90	95	99
眼高	1436	1474	1495	1566	1643	1664	1705	1337	1371	1388	1454	1522	1542	1579
肩高	1244	1281	1299	1387	1435	1455	1494	1166	1195	1211	1271	1338	1350	1385
肘高	925	954	968	1024	1079	1096	1128	873	899	918	960	1009	1023	1050
手功能高	656	680	693	741	787	801	828	530	650	662	704	746	757	778
会阴高	701	728	741	790	840	858	887	648	673	686	732	779	792	819
胫骨点高	394	409	417	444	472	481	498	363	377	384	410	437	444	459

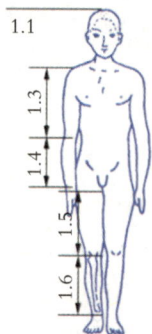

图 7-4　人体主要尺寸　　图 7-5　立姿人体尺寸　　图 7-6　坐姿人体尺寸　　图 7-7　人体水平尺寸

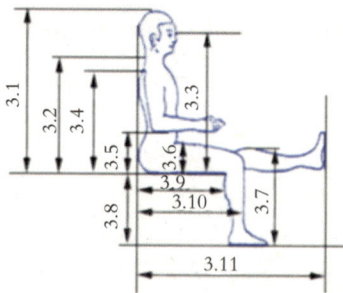

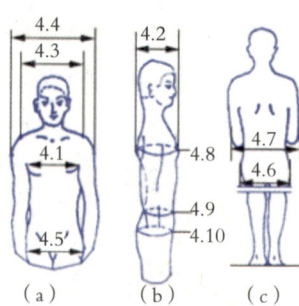

坐姿人体尺寸包括坐高、坐姿颈椎点高、坐姿肩高、坐姿肘高、坐姿大腿厚、坐姿膝高、小腿加足高、坐深、臀膝距、坐姿下肢长等 11 项（图 7-6）。

人体水平尺寸包括胸宽、胸厚、肩宽、最大肩宽、臀宽、坐姿臀宽、坐姿两肘间宽、胸围、腰围、臀围等 10 项（图 7-7）。

表 7-3 坐姿人体尺寸（对应图 7-6）　　　　　　　　　单位：mm

年龄分组	男（18～60岁）							女（18～55岁）						
百分位数	1	5	10	50	90	95	99	1	5	10	50	90	95	99
坐高	836	858	870	908	947	958	979	789	809	819	855	891	901	920
坐姿颈椎点高	599	615	624	657	691	701	719	563	579	587	617	648	657	675
坐姿眼高	729	749	761	798	836	847	868	678	695	704	739	773	783	803
坐姿肩高	539	557	566	598	631	641	659	504	518	526	556	585	594	609
坐姿肘高	214	228	235	263	291	298	312	201	215	223	251	277	284	299
坐姿大腿厚	103	112	116	130	146	151	160	107	113	117	130	146	151	160
坐姿膝高	441	456	461	493	523	532	549	410	424	431	458	485	493	507
小腿加足高	372	383	389	413	439	448	463	331	342	350	382	399	405	417
坐深	407	421	429	457	486	494	510	388	401	408	433	461	469	485
臀膝距	499	515	524	554	585	595	613	481	495	502	529	561	570	587
坐姿下肢长	892	921	937	992	1046	1063	1096	826	851	865	912	960	795	1005

表 7-4 人体水平尺寸（对应图 7-7）　　　　　　　　　单位：mm

年龄分组	男（18～60岁）							女（18～55岁）						
百分位数	1	5	10	50	90	95	99	1	5	10	50	90	95	99
胸宽	242	253	259	580	307	315	331	219	233	239	260	289	299	319
胸厚	176	186	191	212	237	245	261	129	170	176	199	230	239	260
肩宽	330	344	351	375	397	403	415	304	320	328	351	371	377	387
最大肩宽	383	398	405	431	460	469	486	347	363	371	397	428	438	458
臀宽	273	282	288	306	327	334	346	275	290	296	317	340	346	360
坐姿臀宽	284	295	300	321	347	355	369	295	310	318	344	374	382	400
坐姿两肘肩宽	353	371	381	422	473	489	518	326	348	360	404	460	378	509
胸围	762	791	806	867	944	970	1018	717	745	760	825	919	949	1005
腰围	620	650	665	735	859	895	960	622	659	680	772	904	950	1025
臀围	780	805	820	875	948	970	1009	795	824	840	900	975	1000	1004

除此之外，还有人体头部尺寸包括头全高、头冠状弧、头最大宽、头最大长、头围、形状面长等七项；人体手部尺寸包括手长、手宽、食指长、食指近位指关节宽、食指远位指关节宽等五项；以及人体足部尺寸包括足长、足宽等，这些人体数据资料，为设计师人机设计中提供了重要的参数依据。

7.2.3　人的活动空间尺寸

我国成年人的人体功能尺寸 GB 10000-88 中，只给出了成年人人体结构尺寸的基础数据，并没有给出成年人的人体功能尺寸。同济大学的丁玉兰教授对 GB 10000-88 标准中的人体测量基础数据进行了分析研究，导出了几项常用的人体功能尺寸及人在作业位置上的活动空间尺度的数据。鉴于活动空间应尽可能适应绝大多数人使用，设计时应以高百分位人体尺寸为依据，所以取成年男子第 95 百分位的身高 1775mm 为基准。

（1）立姿活动空间。

人的立姿活动空间不仅取决于人的身体尺寸，而且取决于保持身体平衡的要求，当脚的站立位置不变的条件下，应限制上身和手臂的活动范围，以保持身体的平衡，以此要求为根据，可确定立姿活动空间的人体尺度（图 7-8）。

（2）坐姿活动空间（图 7-9）。

（3）单腿跪姿的活动空间（图 7-10）。

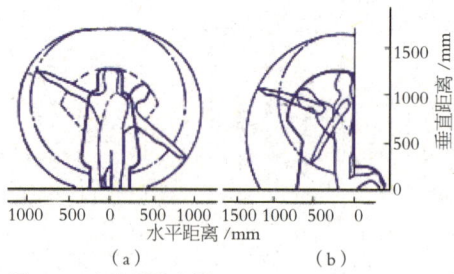

图 7-8 立姿活动空间

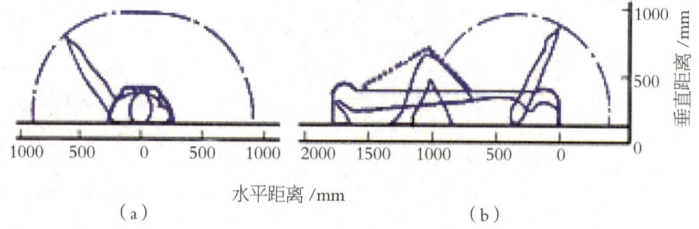

图 7-9 坐姿活动空间

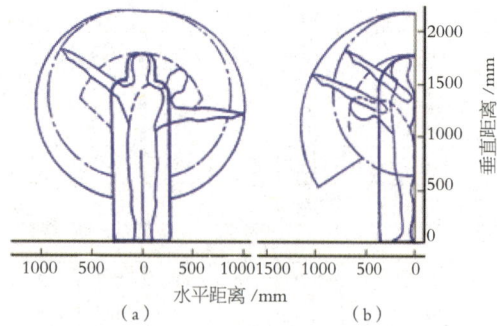

图 7-10 单腿跪姿的活动空间

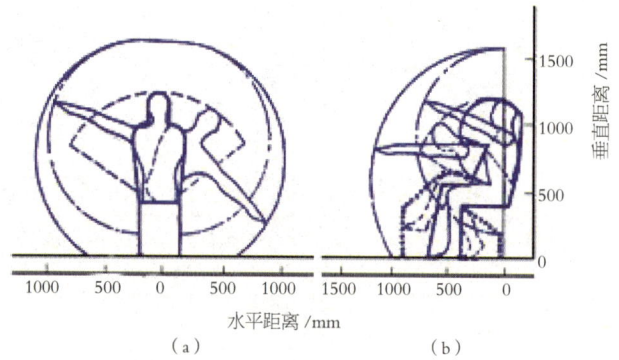

图 7-11 仰卧姿势活动空间

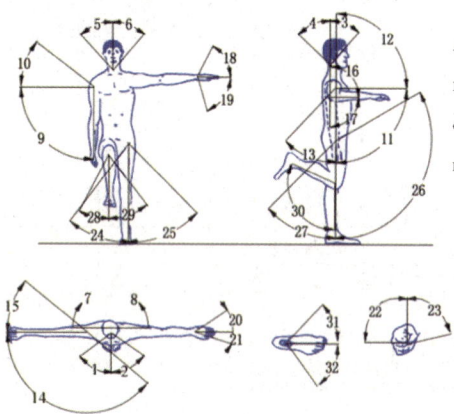

图 7-12 人体各部位的活动范围

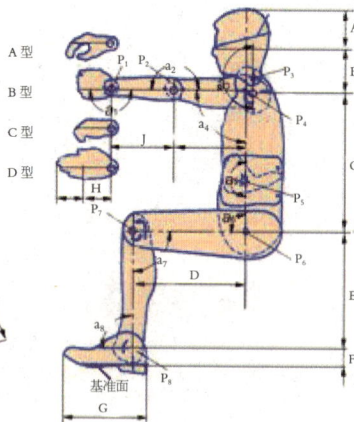

图 7-13 二维人体模板的侧视图

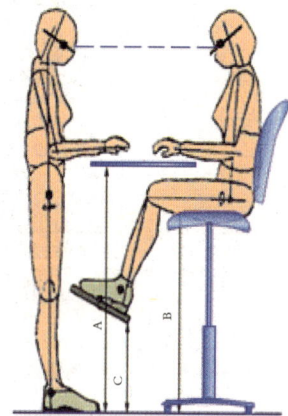

图 7-14 人体模板用于工作系统设计

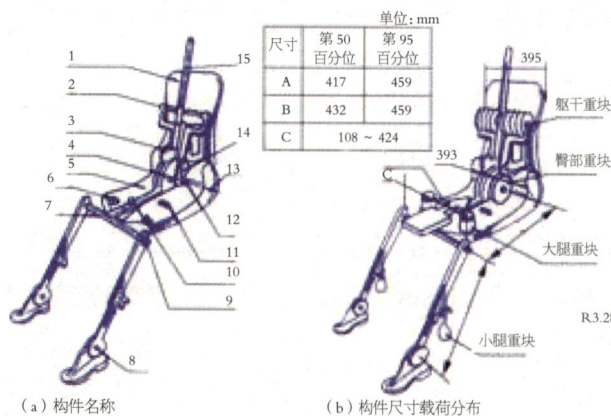

尺寸	第 50 百分位	第 95 百分位
A	417	459
B	432	459
C	108 ~ 424	

单位: mm

（a）构件名称　　（b）构件尺寸载荷分布

图 7-15 H 点三维人体模型

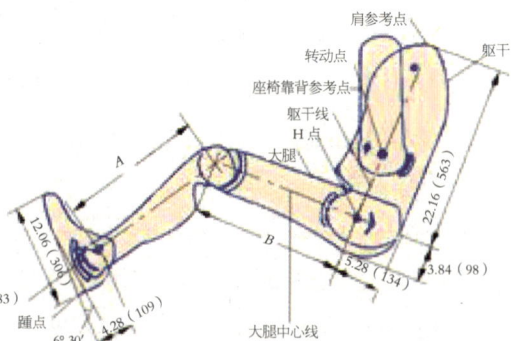

图 7-16 美国 SAE 标准中采用的 H 点二维人体模板

取跪姿时，承重膝要常更换，由一膝换到另一膝时，为确保上身平衡，要求活动空间比基本位置大。

（4）仰卧姿势活动空间（图 7-11）。

（5）人体活动部分有头、肩胛骨、臂、手、大腿、小腿和足，这些部位的活动方向和角度范围（如图 7-12 所示）。

7.2.4　人体模型

以人体参数为基础建立的人体模型是描述人体形态特征和力学特性的有效工具，是研究、分析、设计、评价、试验人机系统不可缺少的重要辅助手段。按人体模型的用途，有设计用人体模型、工作姿势分析用人体模型、动作分析用人体模型、运动学分析用人体模型、动力学分析用人体模型、人机界面匹配评价用人体模型、试验用人体模型等多种类别；按人体模型的构造方法，有物理仿真模型与数学仿真模型两类。

二维人体模板是目前人机系统设计时最常用的一种物理仿真模型，其侧视图如图 7-13 所示。人体模板的尺寸等级，对于安全设施，应尽可能按极端的百分位数设计，如选用第 1 和第 99 百分位，以适应绝大多数人的要求。对于一般设施，所选百分位数可适当偏离极端数值，如第 10 和第 90 百分位，这样可简化结构、降低成本。人机系统设计时，可借助人体模板进行辅助制图、辅助设计、辅助演示或辅助测试（图 7-14）。

人体模板百分位的选择必须根据设计对象的结构特点和设计参数来选用适当百分位的人体模板。通常，确定外部尺寸，如手臂活动的可及范围、脚踏板的位置等，宜选用"小"身材的人体模板（如第 5 百分位）；确定内部尺寸，如腿、脚活动的占有空间、人体、头、手、脚的通过空间等，宜选用"大"身材的人体模板（如第 95 百分位）。

人机系统匹配评价用人体模型，在人机系统的评价中，不同的人对同一个系统有着不同的评价，这是人机工程学的一个基本观点。人体模型内嵌有人体尺寸数据库，用它构造出的人体模型在三维尺寸上符合国家标准 GB 10000-88 的要求。

汽车用 H 点三维人体模型，H 点，即胯点（Hip Point），指人体身躯与大腿的铰接点（图 7-15），在人体模板中为髋关节。确定汽车车身或驾驶室内部人机界面几何尺寸关系时，常以此点作为人体的定位基准。汽车的实际 H 点是指当 H 点三维人体模型按规定的步骤安放在汽车座椅中时，人体模型上左右两 H 点标记连接线的中点。H 点三维人体模型除了用来确定汽车的实际 H 点外，还可用来检验汽车座椅设计的合理性。H 点三维人体模型在汽车内的安放方法和步骤可参阅国际标准 ISO6549 和我国国家标准 GB/T 11563-89。汽车车身设计中也采用 H 点二维人体模板来确定或校核车内尺寸，H 点二维人体模板是根据 H 点三维人体模型制作而成的（图 7-16）。

国外至今已研制出许多种先进的仿真模型及商品化软件，这些仿真模型中，都包含有三维或二维的基于多体系统动力学的人体模型（CAL3D 和 MADYMO3D）。汽车碰撞试验用人体模型都是三维的物理仿真模型，又称为试验用假人或模型人（图 7-17）。对汽车碰撞试验用假人的性能要求主要是：

（1）假人的尺寸、质量分布、关节的活动、胸部等部位受到负荷时的变形特征应与真人很相似；

（2）能对各部位的加速度、受力等参数进行实时测量；

（3）个体间的差别小，反复再现性好；

图 7-17　汽车碰撞试验用假人的构造

（4）耐久性、可靠性高。

我国清华大学、吉林工业大学、中国农业大学等单位也先后研制出基于多体系统动力学的二维和三维人体模型，应用于汽车碰撞过程中乘员运动响应的仿真分析、汽车碰撞行人事故中人体运动的仿真分析等问题的研究。

7.2.5 产品尺寸设计

产品尺寸设计的分类是按照所使用的人体尺寸的设计界限值的不同情况，可将产品尺寸设计任务分为三种基本类型。

1. Ⅰ型产品尺寸设计

需要同时利用两个人体尺寸百分位数作为尺寸上限值和下限值的依据之设计任务，称为Ⅰ型产品尺寸设计，又称双限值设计。例如，汽车驾驶座椅设计。

图7-18　模拟显示

2. Ⅱ型产品尺寸设计

只需要利用一个人体尺寸百分位数作为尺寸上限值或下限值的依据之设计任务，称为Ⅱ型产品尺寸设计，又称单限值设计，又分为ⅡA型产品尺寸设计、ⅡB型产品尺寸设计两类。

（1）ⅡA型产品尺寸设计

只需要利用一个人体尺寸百分位数作为尺寸上限值的依据之设计任务，称为ⅡA型产品尺寸设计，也称大尺寸设计。例如，设计公共汽车的车厢高度。

图7-19　数字显示与屏幕显示

（2）ⅡB型产品尺寸设计

只需要利用一个人体尺寸百分位数作为尺寸下限值的依据之设计任务，称为ⅡB型产品尺寸设计，也称小尺寸设计。例如，设计工作场所的栅栏结构、网孔结构或孔板结构等安全防护装置。

3. Ⅲ型产品尺寸设计

只需要人体尺寸的第50百分位尺寸数据作为产品尺寸设计的依据之设计任务，称为Ⅲ型产品尺寸设计，也称折中设计。例如，门的把手或锁孔离地面的高度、电灯开关在房间墙壁上的安装位置离地面的高度设计。设计人员进行产品或工程系统设计时，首先必须正确判断设计任务应属于哪一种类型；然后恰当选取作为尺寸设计依据的人体相应部位的百分位数。

所设计的产品或工程系统，在尺寸上能满足的合适使用者的人数，占特定使用者群体的百分率，称为满足度。满足度的取值应根据设计该产品或工程系统所依据的使用者群体的人体尺寸的变异性、生产该产品或实现该工程系统的技术可能性以及经济上的合理性等因素，综合权衡选定。在实际设计中，通常均以满足度达到90%作为设计目标。

对于Ⅰ型产品尺寸设计：应将满足度取为98%，应选用第99百分位和第1百分位的人体尺寸数据作为尺寸设计上限值、下限值的依据。

对于ⅡA型产品尺寸设计：应将满足度取为98%或95%，应选用第98百分位或第95百分位的人体尺寸数据作为尺寸设计上限值的依据。

对于ⅡB型产品尺寸设计：应将满足度取为98%或95%，应选用第2百分位或第5百分位的人体尺寸数据作为尺寸设计下限值的依据。

　　对于Ⅲ型产品尺寸设计：必须以第 50 百分位的人体尺寸数据为依据。人体尺寸测量数据的修正主要有功能修正量和心理修正量两种。功能修正量包括装修正量和姿势修正量。

　　人体尺寸主要决定人机系统的操纵是否方便、舒适、宜人。因此，各种工作面高度、设备和用具的高度，如操纵台、工作台、操纵件的安装高度以及用具的设置高度等，都要根据人的身高来确定。

7.3　显示装置的人机分析

　　人机系统中，显示装置的功能通过可视化的数值、文字、曲线、符号、标志、图形、图像、可听的声波以及其他人体可感知的刺激信号向"人"传递"机"的各种运行信息。视觉显示装置是人机系统中功能最强大、使用最广泛的显示装置。视觉显示装置的功能，是向操作人员提供机器系统运行过程的有关信息，使操作人员及时、合理地进行操纵，从而使机器系统按预期的要求运行，完成预定的工作。对视觉显示装置的要求，最主要的是使操作人员观察认读既准确、迅速而又不易疲劳。按所显示的信息量类型来划分，视觉显示装置可分为数字显示和模拟显示两大类（图 7-18、图 7-19）。

　　数字显示的认读过程比较简单，认读速度较快，认读准确度较高，但不能给人以形象化的印象。模拟显示恰恰相反，它能给人以形象化的印象，使人对模拟量在全量程范围内所处的位置及其变化趋向一目了然；对于测量的偏差量，它不但显示偏差的大小，而且显示偏差与给定值的相对关系（正或负，增或减）；但其认读速度和准确度均比数字显示的低。机动车辆上使用最普遍的视觉显示装置，目前主要还是各种仪表和信号灯。

　　按仪表的功能，大体上可分作五类：（1）读数用仪表；（2）检查用仪表；（3）警戒用仪表；（4）追踪用仪表；（5）调节用仪表。

　　按仪表的显示方式，大体上可分作下列三类：（1）指针式仪表；（2）数字式仪表；（3）图形式仪表。

　　视觉显示装置设计的人机工程学问题，可概括为下列三个方面：（1）确定操作者与显示装置间的观察距离。（2）根据操作者所处的位置，确定显示装置相对于操作者的最优布置区域。（3）选择有利于传递和显示信息、易于准确快速认读的显示器形式及与其相关的匹配条件（如颜色、照明条件等）。

　　汽车显示装置的人机分析可以使人在行驶操作中准确快速认读数据，确保行驶中的人机信息交互，减少误操作，确保行驶中的安全性。

7.3.1　刻度盘

　　在显示装置中，刻度盘的设计尤为重要，常用的刻度盘的形状有圆形、半圆形、直线形、扇形等。

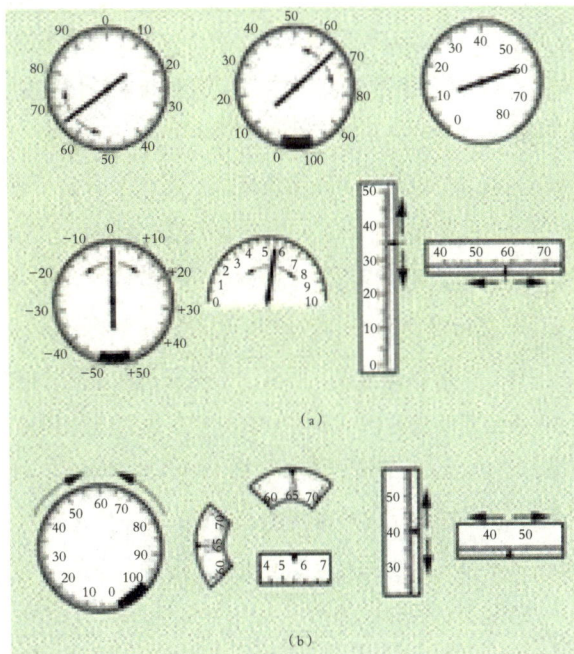

图 7-20　刻度盘的形状

按刻度盘与指针相对运动的情况，有指针运动而刻度盘固定、刻度盘运动而指针固定以及二者都运动的三类，最后一类用得极少。开窗式仪表显露的刻度少、认读范围小、视线集中、认读时眼睛移动的距离短，因而认读起来迅速准确、效果甚好。圆形和半圆形刻度盘的认读效果优于直线形刻度盘；水平直线形优于竖直直线形（图7-20）。

刻度盘大小与其刻度标记数量和观察距离有关。当刻度盘尺寸增大时，刻度、刻度线、指针和字符都可随之增大，这样可提高清晰度；但却使眼睛的扫描路线变长，不利于认读的准确度和速度，同时也使安装面积增大，布置不紧凑。因此，刻度盘尺寸过大或过小都不适宜，应取使认读效果最优的中间值。通常刻度盘认读效果最优的尺寸是其对应的视角为 2.5°～5°，只要确定了操作者与显示装置间的观察距离，就能据此算出刻度盘的最优尺寸。应当注意，设计开窗式仪表时，为了有利于认读，应当使刻度盘无论转到什么位置，都能在观察窗口内至少看得到相邻两个刻有数字的刻度线。刻度盘上刻度线间的距离称为刻度。

刻度和刻度线的设计。刻度的大小根据人眼的最小分辨能力来确定。每一刻度线代表一定的测量数值。刻度线一般分长、中、短三级。刻度盘上刻度值的递增顺序称为刻度方向，其形式随刻度盘类型的不同而不同，一般都是从左到右、自上而下或顺时针方向。

刻度值的标注数字应取整数，避免采用小数或分数，更要避免需经换算后才能读出的标度数字。文字符号设计中用得最多的字符是数字、汉字、拉丁字母及各种专用符号。

对字符形状的要求是简单醒目，因此宜多采用直线和尖角，加强各字体本身特有的笔画，以突出"形"的特征。避免采用草体和装饰形体。字符的大小，在便于认读和经济合理的前提下，字符应尽量大一些。照明情况和背景亮度对字符粗细有重要影响。

数字的立位。刻度线上标度数字的立位应与指针垂直或取正竖立位，使数字正对着操作者，以利于认读。在刻度盘上，除刻度线和必需的字符外，不应有任何附加的装饰纹样、图形或文字，即使非要表明工作状态不可的文字说明，也要安排适当，使刻度盘简单、清晰、明确，对字符视线集中，达到认读准确而迅速的要求。

7.3.2　符号和标志

形象符号和几何标志代替文字和数字，有助于提高辨认速度和准确度，例如用右箭头表示方向要比用文字"右"标注更易于判别。符号和标志的形状同它的使用条件有密切关系。简单的符号只有一个形状特征，如三角形。

较复杂的符号，除主要特征外，还有 1～2 个辅助特征。在符号传递的信息量大体相同的条件下进行的对比试验得出。辨认简单的符号和复杂的符号，其辨认速度和准确度都比辨认较复杂的符号低。因此，符号和标志的复杂程度以适中为宜，需要识别的特征数以2～3个较为合适。在设计中需注意以下几个方面。

1. 指针设计

指针的形状要简单、明确，不要有装饰。指针零点位置的选取与仪表的使用情况有关，圆形仪表的指针零点位置多在时针 12 点钟或 9 点钟位置上；警戒用圆形仪表应设计成警戒区处于时针 12 点钟或靠近12 点钟的位置，危险区和正常区分列于它的两侧，通常按顺时针方向排列，依次为：正常区—警戒区—危险区。许多检查用仪表排列在一起时，应当使它们的指针的零点位置处于同一方向，这样一眼就可看出这组仪表中哪一个或哪几个仪表读数不正常，而无须逐个认读。

2. 指针的颜色和涂料

指针的颜色与刻度盘的颜色应有鲜明的对比，而指针与刻度线、字符的颜色则应该一样。荧光涂料的指针，认读效果并不好，但在指针中央涂上一条荧光的细线直至针尖，却有好处。

3. 指针与刻度盘面的关系

一般原则是指针尽量贴近刻度盘面，但又不与刻度盘面接触，以减小由于人的双眼视差和双眼不对称等因素引起的认读误差。指针的长度最好设计成针尖刚好与最小的刻度相接而又不产生重叠。对精度要求很高的仪表，指针与刻度盘面应装配在同一平面内。

4. 指针式仪表的颜色匹配

重点要考虑仪表盘面部分。为了使盘面部分清晰显眼，应当利用色觉原理进行颜色的搭配。最清晰的配色是黑底黄字，最模糊的配色是黑底蓝字。在实际使用中，由于黑白两种颜色比较容易掌握以及习惯的原因，经常采用黑底白字或白底黑字。在匹配颜色时，配置与周围的色调特别不同的颜色时特别醒目，谓之醒目色。醒目色的应用与颜色的搭配有着既相似而又不同的特点。

5. 仪表板的空间位置

为了保证高工作效率和减轻人的疲劳，仪表板的空间位置应使操作者不必运动头部和眼睛，更不需移动身体位置就能看清全部仪表。仪表板的位置不得妨碍操作者对周围环境的观察。

6. 仪表板上的仪表排列

根据视觉运动规律，仪表板面一般应呈左右方向为长边的长方形形状。最常用、最主要的仪表应尽可能安排在视野中心3°范围内，这是人的最优视区。一般性仪表允许安排在20°～40°视野范围内。40°～60°视野范围只允许安排次要的仪表。各仪表刻度的标数进级系统，应尽可能一致。仪表的设计和排列还需照顾到它们与操纵装置之间的相互协调关系。

当仪表很多时，应按照它们的功能分区排列，区与区之间应有明显的区别。各区之间可用不同颜色的背景；也可用明显的分界线或图案加以区分。性质重要的仪表区，在仪表板上要有引人注目的背景。在仪表板上划出各分区仪表之间功能上的关系（如仪表联系方框图），也有助于认读。仪表板面的有效认读范围，试验指出，观察距离为800mm时，若眼球不动，则水平视野20°范围为最优认读范围，其正确认读时间为1s左右。

7. 仪表照明与周围照明的关系

一般说来，周围环境的光照度与仪表照明区的光照度相近时，观察效率较高。周围环境的光照度不宜大于或小于仪表照明区光照度的10倍。夜间行驶的车辆，为了保证对车外环境观察的视觉效率，仪表照明的光照度应在能看清指示的前提下尽可能低。

8. 仪表照明的方式

（1）外照明：用灯光照射仪表板。这种照明方式需注意避免外照射光在仪表板、仪表的刻度盘面和仪表玻璃上产生反射光。

（2）透射光：光线由仪表内部照射，透过仪表面而形成发光的仪表面或发亮的刻度。

（3）仪表壳内侧照射：用很小的灯泡，从仪表壳的内侧、仪表面的上方和侧面照射仪表面。

（4）荧光涂料：仪表刻度线和指针使用荧光涂料，能产生不影响夜间视力的荧光，荧光以黄色光最清晰。但荧光毕竟不如灯光清晰，并且荧光在黑暗背景中易产生幻动错觉，观看时间久了还容易引起视觉疲劳。

（5）蚀刻式刻度的侧面光照：用灯光从玻璃仪表面的侧面照射，光线在蚀刻的刻度线上产生折射和反射，使仪表面上的刻度表现为发光似的记号，而仪表的其他部分则很暗，这种照明方式使刻度十分清晰。

9. 仪表照明的强度

黑夜里，仪表照明的合适的光照度约为 0.1 lx。仪表照明的最低光照度不宜小于 0.03 lx。仪表照明的颜色，最接近日光的光线，视觉效率最高。有时为了保证操作者观察周围黑暗环境中其他物体的能力，仪表照明不能太亮，需要选择一种不影响暗适应的光线颜色。红光是一种对暗适应影响极小的光照，但它也有一些缺点：对人眼来说，单色的红光排除了使用颜色信号的可能；红光下人的视力不如白光下；红光使人眼的调节能力降低；单一光谱的红光耗费功率太大。近年来又明显地倾向于使用弱的白色光。

10. 信号灯的视距和亮度

信号灯必须清晰醒目并保证一定的视距。车内信号灯必须保证驾驶员看得清楚，又不能太亮而造成眩目或夜间影响对车外情况的观察。交通信号灯应保证较远的视距，而且在日光明亮和恶劣气象条件下都清晰可辨。信号灯的亮度要能吸引操作者的注意，其亮度至少是背景亮度的两倍，而背景最好灰暗无光。

11. 信号灯的颜色、形状和闪烁频率

作为警戒、禁止、停顿或指示不安全情况的信号灯，应使用红色；提请注意的信号灯，宜使用黄色；表示正常运行的信号灯，应使用绿色；其他信号灯则用白色或别的颜色。当信号灯很多时，不仅用颜色区别，还需用形象化的形状加以区别，这样更有利于辨认。信号灯的形象化最好能与它们所代表的意义有逻辑上的联系。例如用箭头代表方向；用 × 表示禁止；用！表示警告或危险；用较高的闪烁频率表示快速；用较低的闪烁频率表示慢速。闪光信号比固定光信号更能引起注意，应在需要突出显示的场合加以恰当使用。闪光信号灯的闪烁频率一般为 0.67～1.67 Hz，亮与灭的时间比 1：4～1：1。

7.4　操纵装置的人机分析

人机系统中，操纵装置是将人的信息输送给机器，用以调整、改变机器状态的装置。操纵装置将操作者的信号转换成机器的输入信号，是人机信息交互的重要组成部分，其设计是否合理，直接关系到整个人机系统能否正常安全运转。人机系统中操纵装置（又称控制装置、调节装置）主要通过人的动作（直接或间接）来使机器起动、停车或改变运行状态的各种元件、器件、部件、机构以及它们的组合等环节。其基本功能是把操作者的响应输出转换成机器设备的输入信息，进而控制机器设备的运行状态。操纵装置的设计，应使操作者能在其一个作业班次内，安全、准确、迅速、舒适、方便地持续操纵而不产生早期疲劳。为此，设计者必须充分考虑人体的体形、尺度、生理特点、运动特征和心理特性以及人的体力和能力的限度，才能使所设计的操纵装置达到高度的宜人化。根据操纵器的功能特点和使用操纵器的具体条件（如使用要求、空间位置、环境因素等），初步选择工作效率较高的几种形式，然后考虑经济因素进行筛选确定。

遵循人机工程设计原则，这就要求保证操纵装置的操纵有效性，同时要考虑到以下几个方面：

（1）操纵器的形状适应人的生理特点；

（2）操纵器的形状便于触觉识别；

（3）尺寸应符合人体尺度的需要。

（4）尽量利用自然的操纵动作或借助操作者身体部位的重力进行操纵。

（5）在条件许可的情况下，尽量设计多功能的操纵器。

（6）操纵器的造型设计，要求尺寸大小适当、形状美观大方、式样新颖、结构简单，并且给操作者以舒适的感觉。

根据人与物接触部位不同，操纵器可以分为手控操纵器和脚控操纵器，这两种操纵装置在装载机操纵室中都存在。各类工程车辆产品工况和作业要求复杂，因此其操纵装置除了常规的踏板和操纵杆，还有不同于普通车辆的各类动臂操纵杆，这就要求在操纵装置的人机工程设计中，要充分考虑驾驶员的生理特点，也要考虑操纵装置的使用功能和使用情况。而且工程车辆的操纵装置使用频繁，其在操纵室内的布置及操作顺序要符合人的生理、心理特点和运动习惯。

1. 手控操纵装置的设计

（1）旋转式操纵装置的设计，旋钮通常都是单手操纵

按其使用功能可分为：多倍旋转旋钮（控制范围超过 360°）；部分旋转旋钮（控制范围不超过 360°）；定位指示旋钮（旋钮的操纵受临界位置的定位控制）三类。前两类用于传递一般的信息，第三类用于传递重要的信息。

（2）移动式操纵装置的设计，常用的手控移动式操纵装置有：操纵杆、手闸、扳钮开关和指拨滑块等。

（3）按压式操纵装置设计，按压式操纵装置，按其外形和使用情况，大体上分为两类：按钮和按键。它们一般只有两种工作状态，如"接通"与"切断"、"开"与"关"、"起动"与"停车"等。

2. 脚控操纵装置的设计

脚控操纵装置有两种类型：脚踏板和脚踏钮。

（1）脚踏板又分直动式、摆动式和回转式（包括单曲柄式和双曲柄式）。直动式中，有以脚跟为支点的脚踏板，如汽车的加速踏板；有脚悬空的脚踏板，如汽车的制动踏板。

（2）脚踏钮与按钮的形式相似，可用脚尖或脚掌操纵，踏压表面应设计成齿纹状，以避免脚在用力时滑脱。

操纵器的形状同它的功能之间最好有逻辑上的联系，以利于辨认和记忆。操纵器的式样应便于使用，有利于操作者用力。有定位或保险装置的操纵器，其终点位置应有标记或专门的止动限位装置。分级调节的操纵器应有中间各档位置标记和定位、自锁、连锁装置。脚控操纵器不应使踝关节在操作时过分弯曲。操纵器的使用方法应尽量简化。当操纵器数量很多，而又难以单纯用形状来区分时，可在操纵器上刻以适当的符号，作为辅助标志，这些符号最好用手感触即可辨别。操纵器的大小应适合于人的手或脚进行操作。操纵器的适宜大小同它的使用目的和使用方法有着密切的关系。

3. 操纵器在布置上的要求

（1）操纵器的排列应适合人的操作习惯，按照合理的操作顺序和逻辑关系进行安排。

（2）操纵器应优先布置在人的手或脚活动最灵敏、辨别力最好、反应最快、用力最强的空间范围和合适的方位上。当这些空间范围不够用时，则按操纵器的重要性和使用频率依次布置在较好或次要的位置上。

（3）联系较多的操纵器应尽可能安排在邻近位置，并同操纵器的编码相适应。

（4）当操纵器很多时，应按照它们的功能分区布置，各区之间用不同的位置、颜色、图案或形状进行区分。

（5）同一台机器的操纵器，其操作运动方向要一致。

（6）操纵器应尽可能布置在人的视野范围内，借助视觉进行识别。

（7）紧急作用的操纵器必须与其他操纵器分开布置，安排在最显眼而又最方便操作的位置，以确保操纵准确及时。

（8）操纵器与显示器配合使用时，两者之间应有优良的协调性。

（9）操纵器的总体布置要力求简洁、明确、易操作及造型美观。

（10）操纵装置的空间位置和分布应尽可能做到在盲目定位时有较高的操纵工效。

将操纵器进行合理编码，使每个操纵器都有自己的特征，以便于操作者确认不误，是减少操作差错的有效措施之一。编码的方法一般是利用形状、大小、位置、颜色或标志等不同特征对操纵器加以区别，分别有形状编码、大小编码、位置编码、颜色编码及标志编码。

7.5　车内空间的人机分析

车辆驾驶室的作业空间设计以驾驶员、驾驶座椅、显示装置、操纵装置以及驾驶室的门、窗、顶棚、板壁之间的合理匹配为基本依据。

车辆驾驶室的作业空间应宽敞适度，易于出入。要给驾驶员的脚和手留有足够的活动空间，驾驶室的内部高度最好能使第 95 百分位的男驾驶员站起来时不碰到头部，至少直坐在高度调节到最高位置的座椅上面时，头顶离驾驶室顶部内表面还有一定的间距，驾驶室的门和上下车梯踏板的尺寸及其相关位置均应保证驾驶员出入驾驶室的安全和方便。

操纵装置相对于驾驶座椅的位置应适合于驾驶员方便操作。显示装置相对于驾驶座椅的位置应适合于驾驶员准确认读。门、窗玻璃相对于驾驶座椅的位置应使驾驶员操作时有良好的视野。

车辆驾驶座椅的舒适性设计要比一般室内坐姿操作用的工作座椅复杂得多，它通常包括静态舒适性、动态舒适性（又称振动舒适性）、操作舒适性三方面的设计任务，而这三方面的设计标准却往往由于实际要求的相互矛盾而难以完全满足。例如，完全按乘坐的静态舒适性要求选择的扶手高度可能会妨碍驾驶员手臂的操纵动作。概括起来，好的驾驶座椅设计必须保证驾驶员在连续几个小时操作的情况下，身体能够得到很好的支持。这就要求座椅各个部分的位置是可调节的，以适应从第 5 百分位的女驾驶员到第 95 百分位的男驾驶员范围内所有人的不同需要。应当有不同密度的适宜坐垫和靠背垫来支持身体的敏感部位。座椅必须有额外的空间，允许驾驶员坐在座椅的任一边或改变在座椅上的角度，以便肌肉放松。

设计者在确定驾驶座椅在车辆上的安装位置之前，

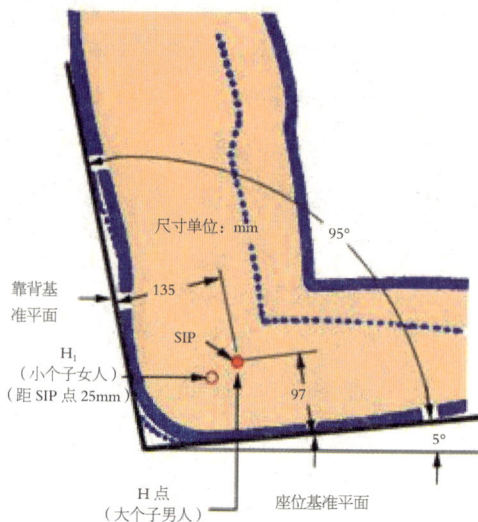

图 7-21　人体 H 点与座椅标志点之间的关系

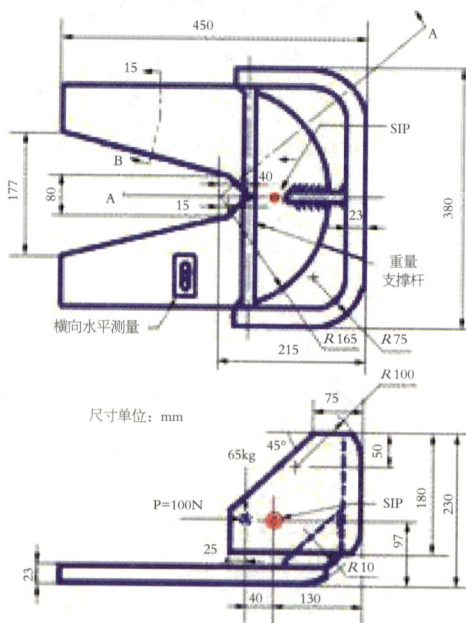

图 7-22　SAE 座椅标志点测量装置

必须先确定坐着的驾驶员与座椅结构的相对位置。为了提供人体测量数据，美国汽车工程师协会 SAE 已将车辆驾驶座椅设计的参考点标准化（SAE J1163），这个参考点称为座椅标志点（Seat Index Point，简称 SIP）（图 7-21）。人体身躯与大腿的转动中心为 H 点，SIP 点和大个子男人的 H 点重合，座椅标志点 SIP 的位置由两个基准平面，即靠背基准平面和座椅基准平面确定，两平面相交在座椅基准点（Seat Reference Point，简称 SRP），知道了 SRP 点，即可找出 SIP 点。为便于实际应用，SAE 把 SIP 点到靠背基准平面的距离 135 mm、SIP 点到座椅基准平面的距离 97 mm 定为标准尺寸。这个标准尺寸适合第 97.5 百分位的男子，而对于第 2.5 百分位的女子，其身躯与大腿的转动中心 H 点同 SIP 点并不重合，有 25 mm 的差距，这个差距就被忽略了。SAE 明确规定，任何驾驶座椅的座椅基准平面和靠背基准平面只能用 SAE 的标准人体模型或如图 7-22 所示的测量装置来确定。这样，座椅制造者和车辆设计工程师就有了一个共同的标准定位点。对于大型、中型拖拉机和工程机械，驾驶员出入驾驶室的方便性和安全性也应该满足人体因素的要求。

依据我国的成年人人体尺寸，上下车梯的最低一级踏板的离地高度不宜超过 550 mm，最高一级踏板与门槛的垂直距离不宜超过 300 mm，相邻两踏板间的垂直距离不宜超过 300mm，车梯各踏板的内侧宽度不宜小于 250 mm。要求不用手臂拉力的辅助，脚就能跨上阶梯，所有台阶的最小宽度都要容许两只脚能同时放下。这些限制尺寸是根据下阶梯时的安全和方便性确定的，因为下阶梯比上阶梯更危险。阶梯应设置扶手，扶手的断面应选取圆形，根据长度的不同，断面直径为 20～30mm，两端应当封闭或向下弯曲，这样当驾驶员倒退着下阶梯时，手就不会在扶手末端因不在意而滑脱。

车梯越陡，安全性越差。在梯子是垂直的情况下，从顶部跨下第一步时，由于看不见第一个台阶，不能确定这个台阶的宽度，也不能确定下来的距离是多少，不论哪一点判断错误，都会造成严重的意外事故。因此，很有必要把阶梯做成与垂直面成 20° 以上的倾斜度的车梯。其后面应当封闭，以防脚和腿通过两个台阶之间的空隙滑出去。

梯面最小深度宜取为 180mm。在车梯上脚可能接触到的任何运动零件，都应当设置防护罩。车梯踏板的表面应设计成在各种天气条件下均能有效防滑的花纹，能把污泥通过表面的缝隙挤压出去，并使脚与防滑花纹保持充分接触。

7.5.1 驾驶适宜性

从事任何职业，都存在适宜性问题。职业适宜性是从事某种职业或职务应具备的条件以及经过训练可获得的潜在性能。所谓驾驶适宜性，是指驾驶员具备圆满、不出差错地完成驾驶工作的素质以及经过驾驶培训可获得从事驾驶工作的潜在性能。一般来说，驾驶适宜性主要应满足以下几方面要求：

（1）应具备从事驾驶工作所必须具备的基本生理和心理素质；

（2）预计从事驾驶工作产生失误或发生交通事故的概率应很小；

（3）预计完成驾驶任务、数量和质量高于中等水平；

（4）安全需要动机应占优势。

从事驾驶工作发生交通事故的倾向性大小，是驾驶适宜性问题研究和分析中要考虑的一个十分重要的方面。事故倾向性又称"事故多发倾向"，一些人比其他人更容易发生事故，即事故不是均匀分布的，这些事故多发者具有某些稳定、持久的，也许是固有的性格或特质。

在驾驶中感觉系统中的视觉、人眼的感受性及知觉等尤为重要。

（1）视觉对驾驶员最为重要。驾驶员在行车过程中有 80% 以上的信息都是由视觉获得的。具备良好的视力是驾驶员安全行车的必要条件，视力有静视力和动视力之分。

（2）人眼的感受性对光刺激变化的顺应性称为眼睛的适应。眼睛的适应分为暗适应和明适应。明适应过程一般在 1~2min 之内完成，暗适应过程却要缓慢得多，可能需要半小时或更长时间才能完成。

（3）深度知觉又称距离知觉或立体知觉，它是对同一物体的凹凸或不同物体的远近的反映。深度知觉的准确性是指辨别最小相对距离差别的能力。驾驶员在行车中要不断地对前方车辆、物体和行人等距离进行目测和判断，以采取正确的操作，确保行车的安全。因此，深度知觉的准确性对于驾驶工作十分重要。

（4）分辨颜色的功能障碍者称为色觉异常者，习惯称为色盲。色盲不适宜从事驾驶工作。

（5）驾驶员的反映特性，既驾驶员对道路情况的反应速度是直接影响行车安全的重要心理素质之一。反应速度取决于驾驶员评价道路上的行人或车辆与自己的距离以及操纵驾驶机构所用的时间。这个时间越短，驾驶员的反应速度就越快。如果驾驶员反应迟钝，就不能及时采取必要行动。

（6）驾驶员的速度估计能力与行车安全性的关系。能否准确地估计速度对安全行车非常重要。

（7）对机动车驾驶员来说，注意是其安全行车的必要条件。驾驶员的注意品质和行车安全性有关系。

7.5.2　乘坐舒适性

从人机工程学的角度讲驾驶员座椅设计的主要依据是坐姿舒适性。这里谈到的驾驶员坐姿舒适性，不单单指静态舒适性，还包括振动舒适性和活动舒适性。在驾驶员的座椅设计中，主要研究如何使座椅符合坐姿人体尺寸的需求，给驾驶员带来舒适感，降低驾驶疲劳度，提高驾驶的安全性。同时也能大大防止驾驶员由于不正确的驾驶姿势而导致的脊椎变形，以及由此引发腰痛、腰肌劳损等职业病，这就涉及了坐姿生理学和坐姿生物力学。

图 7-23　基于人机工程的座椅虚拟设计

坐姿是人体较自然的姿势，有很多优点。随着自动化程度的提高，越来越多的作业采用坐姿完成。坐姿将是操作人员未来作业的主要工作姿态，坐姿比立姿更有利于血液循环。坐姿将以脚支撑全身的状况转变为以臀部支撑全身，有利于发挥脚的作用。

汽车座椅的设计必须有可能让人经常地改变自己的姿势和位置，以便减轻压力和活动伸展各部分肌肉。扶手高度应当可以调整，以适应各种不同身材的操作者使用。扶手的内侧表面应当有衬垫，以承受大腿的侧压力。坐垫表面的各个边缘应当稍稍向上倾斜，以便阻止臀部向边缘滑动而使操作者能够坐稳。靠背与坐垫之间的夹角应当为 95°左右，至少是 90°，以

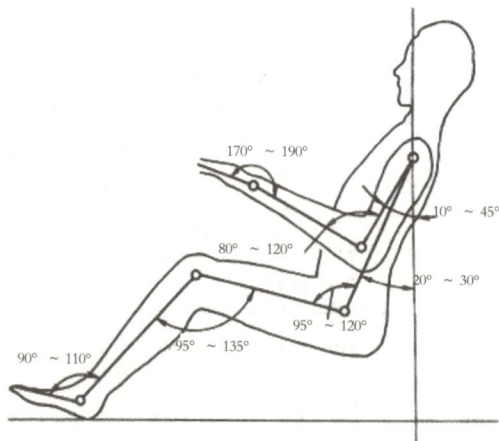

图 7-24　驾驶姿势对人体各部分夹角

避免因骨盆向前歪斜而弯腰，造成肌肉紧张和受束缚（图 7-23）。

概括起来，舒适的坐态生理，应保证腰曲弧形处于正常自然状态，腰背肌肉处于松弛状态，从上体通向大腿的血管不受压迫，保持血液正常循环。因此，最舒适的坐姿，是臀部稍离靠背向前移，使上体略向后倾斜，保持体腿夹角为 90°～115°，小腿向前伸，大腿与小腿、小腿与脚面之间也有合适的夹角（图 7-24）。

日本三菱公司生产的"智慧"HSR-IV 轿车智能型座椅，当人感到疲劳而姿势发生改变时，这种座椅能自动适应变化，及时做出调整。英航的"智能"座椅亦称"Plasma 座椅"，具有读取乘客体温并自动调整椅面温度的功能。亦能测出乘客的身高和体重，并据此给椅身中有序放置的空气囊袋充气或放气，以符合乘客体型，保护最大舒适度。

7.6　车辆噪声控制

产生汽车噪声的主要因素是空气动力、机械传动、电磁三部分。从结构上可分为发动机噪声（即燃烧噪声）、底盘噪声（即传动系噪声、各部件的连接配合引起的噪声）、电器设备噪声（冷却风扇噪声、汽车发电机噪声）、车身噪声（如车身结构、造型及附件的安装不合理引起的噪声）。其中发动机噪声占汽车噪声的二分之一以上，包括进气噪声和本体噪声（如发动机振动，配气轴的转动，进、排气门开关等引起的噪声）。因此发动机的减振、降噪成为汽车噪声控制的关键。

此外，汽车轮胎在高速行驶时，也会引起较大的噪声。这是由于轮胎在地面流动时，位于花纹槽中的空气被地面挤出与重新吸入过程所引起的泵气声，以及轮胎花纹与路面的撞击声。

1. 发动机的振动与噪声

降低发动机噪声是汽车噪声控制的重点。发动机是产生振动和噪声的根源。发动机的噪声是由燃料燃烧、配气机构、正时齿轮及活塞的敲击噪声等合成的。

（1）发动机本体噪声

降低发动机本体噪声就要改造振源和声源，包括用有限元法等方法分析设计发动机，选用柔和的燃烧工作过程，提高机体的结构刚度，采用严密的配合间隙，降低汽缸盖噪声。例如在油底壳上增设加强筋和横隔板，以提高油底壳的刚度，减少振动噪声。另外，给发动机涂阻尼材料也是一个有效的办法。阻尼材料能把动能转变成热能。进行阻尼处理的原理就是将一种阻尼材料与零件结合成一体来消耗振动能量。它有自由阻尼层结构、间隔自由阻尼层结构、约束阻尼层结构和间隔约束阻尼层结构。它的采用明显地减少了共振的幅度，加快了自由振动的衰减，降低各个零件的传振能力，增加了零件在临界频率以上的隔振能力。目前，已有一些国家的专家设计了一种发动机主动隔振系统，用于减少发动机振动，以达到降低噪声的目的。

（2）进气噪声

进气噪声是发动机的主要噪声源之一，是发动机的空气动力噪声，随发动机转速的提高而增强。非增压式发动机的进气噪声主要成分包括周期性压力脉动噪声、涡流噪声、汽缸的亥姆霍兹共振噪声等。增压式柴油机的进气噪声主要来自增压器的压气机。二冲程发动机的噪声源于罗茨泵。对此，最有效的方法是采用进气消声器。类型有阻性消声器（吸声型）、抗性消声器（膨胀型、共振型、干涉型和多孔分散型）和复合型消声器。将其与空气滤清器结合起来（即在空滤器上增设共振腔和吸声材料，如 R3238 型）就成为最有效的进气消声器，消声量可超过 20dB（A）。

2. 底盘噪声

（1）排气系噪声

排气系噪声是底盘的主要噪声源，主要由排气压力的脉动噪声、气流通过气门座时所发出的涡流噪声、由于边界层气流的扰动而产生的噪声以及排气口处的喷流噪声所组成。优化设计性能良好的消声器，是降低汽车噪声的重要手段之一。优化设计的方法有声学有限元法和声学边界元法，但目前还处于起步阶段。避免消声器的传递特性与振动特性耦合是消声器设计中要重点解决的一个问题。其次，降低排气噪声与提高动力性也是一对矛盾，因为降低排气噪声与降低排气背压对排气管直径的设计有着相矛盾的要求，前者要求有较小的直径，而后者却相反。对此，采用并联流路的双功能消声器，在减小背压和降低气流噪声方面颇为有效。另外，对于发动机排气歧管到消声器入口的一段管路，采用柔性管的减振、降噪效果明显，可降低 7dB（A）左右。

（2）传动系噪声

传动系噪声来源于变速齿轮啮合引起的振动和传动轴旋转振动。一般采取的措施是：一是选用低噪变速器；二是发动机与变速箱及后桥主减速器等部件与底盘用橡胶垫进行柔性连接，从而达到隔振的目的；三是控制转动轴的平衡度，降低扭转振动。

3. 电器设备噪声

（1）冷却风扇噪声

冷却风扇是噪声的发生装置，受到护风圈、水泵、散热器及传动装置的影响，但其噪声的产生主要取决于底盘。

（2）汽车发电机噪声

汽车发电机噪声取决于多种来源的效应，这些来源有磁体源、机械和空气动力源。噪声级取决于发电机的磁力和通风系统的结构，以及发电机的制造和装配精度。

4. 车身噪声

随着车速的提高，车身的噪声也就越来越大，主要起因是空气动力噪声，可以采用如下方案来改善车身噪声：

（1）对车身进行流线型设计，实现光滑过渡；

（2）在车身与车架之间采用弹性元件连接；

（3）进行室内软化，如在顶棚及车身内蒙皮间使用吸声材料。

另外，汽车在高速行驶时，轮胎也是产生噪声的一个来源。实车惰行法已经测得：轮胎的轮距越大，则噪声越大。此外，轮胎的花纹与噪声的产生也有很大的关系，选用有合理花纹的钢丝帘布子午线轮胎是降低轮胎噪声的有效方法。对于轮胎的材料而言，使用更富有弹性且柔软度高的橡胶，就可制造出低噪的轮胎。

对汽车噪声的控制，除了在设计上使用优化方法和零件的优化选用以外，还可以对噪声进行主动控制。这就是以声消声技术，利用电子消声系统产生与噪声相位相反的声波，使两者的振动相互抵消，以降低噪声。这种消声装置采用极其先进的电子元件，具有优异的消声效果，可用于降低车内噪声、发动机噪声，还可以用于主发动机支撑系统，以抵消发动机振动噪声。

7.7　车辆碰撞事故中的人体防护

1. 车辆的碰撞安全性

车辆碰撞保护属于被动安全性，寻求碰撞保护是基于车辆已经遭到碰撞的前提下，怎样将碰撞事故的后果减小到最低程度这样一个问题。碰撞事故类型，根据碰撞方向不同，车辆碰撞事故可大致分为前碰、侧碰、后碰和翻车等。车辆碰撞事故由两个不同过程连续构成，第一过程是碰撞本身，第二个过程是碰撞结束后。碰撞速度和有效碰撞速度是碰撞事故中一个重要的影响因素，从而需要加强乘员生存空间的技术措施：

（1）提高驾驶室的强度。（2）增强车身前部与后部吸收冲击的能力。（3）减轻乘员二次碰撞的技术措施。减轻乘员二次碰撞的技术措施主要有安全带和安全气囊。减轻乘员伤害的其他技术措施还有安全转向柱、安全玻璃、安全头枕、座椅、仪表板、旗杆及减少车内凸出物。

减轻行人伤害的技术措施，车辆碰撞行人而使行人受到严重伤害事故占有很大比例。为了减轻行人的伤害程度，可以：（1）使保险杠及发动机罩具有一定弹性；（2）在发动机上部及前风窗玻璃周围布置弹性材料；（3）在车前部设置防止行人跌下路面的救护网等装置。

2. 车辆的碰撞行程与乘员的生存空间

对于车辆碰撞事故，车辆必须具备的两个基本功能是吸收碰撞能量和保证乘员的生存空间。

（1）车辆的碰撞行程：车辆向前碰撞事故中，车身前部的纵向变形，称为前压扁行程；驾驶员或前排乘员相对于汽车车身内部前冲的距离，称为内部行程，内部行程通常包括自由空间和内部碰撞变形两部分。

（2）乘员的生存空间：可以设想，车辆碰撞结束时，车内乘员相对于车身内部结构的运动，经历一定的内部行程后将停止在某一位置。我们把乘员人体运动通过全部内部行程所扫过的空间，定义为"人体运动包络空间"。没有任何一点车身内部的凸出物，则乘员与车身之间就不会发生二次碰撞，乘员的生存空间就能得到完全可靠的保障。

（3）乘员约束装置：约束的负荷分配得越好，则乘员允许承受的安全负荷就越大。而较大的负荷就意味着乘员以较大的减速度运动，也就可以缩短乘员的停止距离。

（4）乘员的减速距离：为了乘员安全，约束装置必须保证这个最小的内部行程。

（5）最小内部行程随着约束展开的时间变化。

（6）根据乘员能忍受的最大减速度来设计气囊。

3. 车辆主动防撞与人体保护的综合技术措施

绝大多数车辆事故是各种形式的碰撞，车辆的防撞和乘员的人体保护是解决车辆安全问题的两类行之有效的技术手段。以往的研究，理论上较多的只是以工程力学为依据，而较少考虑人体生物力学的作用。基于对车辆碰撞全过程的深入分析，以人机系统为研究对象，可以将车辆主动防撞与乘员人体保护系统分解为下列几个阶段或组成部分：

（1）主动防撞装置

①可以随时监测出前方障碍物离本车的距离。

②可以随时依据检测到的本车车速信号计算出相应的制动安全距离。

③不断将制动安全距离同本车与前方障碍物之间的实测距离进行比较分析，一旦实测距离小于安全距

离时，自动调低车辆的车速。

④当实测距离小于制动安全距离，且实测距离小于一定门槛值时，强迫车辆实施制动，从而使行驶中的车辆及时停住，避免车辆与前方障碍物相撞。

（2）吸能保险杠

一旦车辆主动防撞装置这个第一道防线被突破，车辆碰撞事故开始发生时，前碰中最先遭受撞击的是车辆的前保险杠，后碰中最先遭受撞击的是后保险杠。保险杆的基本功能是尽可能多的吸收碰撞的能量。

（3）专门的碰撞能量转化与吸收装置

可以设计、研制基于各种不同作用原理的碰撞能量吸收和转化装置，用于辅助常规的吸能保险杠的功能。

（4）车辆承载吸能结构

保险杆承受的碰撞能量大部分将传至车辆前部结构以及车架或承载式车身。这些部分的结构设计在很大程度上影响车辆的碰撞特性。

（5）乘员人体保护装置

按照所保护的人体部位及保护肌理的不同，乘员人体保护装置可以分为多种类型。常用的有保护乘员头部、胸部和腹部为主的乘员约束系统（三点式安全带和前置式安全气囊）等。

随着汽车成为人们日常出行的重要工具，人机工程学设计就更加重要。在今后的车辆人机工程学设计中，以人为本的设计给人们创造更为舒适、安全的出行乘坐环境，让人们的驾驶过程变得更加愉悦。

第8章　汽车油泥模型制作

8.1　工业设计模型

产品模型是产品设计过程中的重要环节，是产品造型设计的需要，产品模型为产品的二维图纸设计和三维立体造型架起了一座桥梁，为产品造型设计提供了一种重要的参考。设计者充分运用模型的表现和研究方法，掌握模型制作的材料和加工手段，通过产品模型的制作，深入直观地探讨产品造型的总体布局、线型风格、空间体量、人机关系、比例大小及表面处理等问题，从而更好地把握产品的功能、形式、结构、工艺、材料等之间的关系，把握新产品的开发设计方向，大大提高了设计质量，使设计更加完善。

8.1.1　常用模型制作材料

按照工业模型常用的制作材料可分为石膏、金属、油泥、塑料、木制及黏土等模型，材料可单一使用，也可以组合使用。

1. 石膏

石膏有白石膏、黄石膏，熟石膏粉遇水在一定时间内硬化，常采用浇制块体，通过刮、削、雕刻法加工制作成型。石膏价格经济、方便使用加工，用于陶瓷、塑料、模型制作等方面。石膏质地细腻，成型后易于表面装饰加工的修补、易于长期保存，适用于制作各种要求的模型，便于陈列展示。（图8-1）

2. 金属

金属模型以钢铁材料应用最多，如各种规格的钢铁、管材、板材，有时少量的也用一些铝合金等其他金属材料。金属模型材料的制作主要考虑力学性能和成本等方面的因素。力学性能主要从金属材料的强度、弹性、硬度、刚度以及抗冲击拉伸的能力等方面来考虑。金属模型加工工艺主要有切削、焊接、铸造、锻造等，因实验室加工条件有限，所以金属模型工艺选择较少。（图8-2）

图8-1　石膏模型

图8-2　金属模型

3. 油泥

油泥主要用于工艺品、五金、塑胶开模、学生雕塑，可循环使用，久置不变质。工艺品等模型的雕塑，可塑性极强。油泥是一种人造材料，材料主要成分有滑石粉62%、凡士林30%、工业用蜡8%。油泥可塑性强，黏性、韧性比黄泥（黏土模型）强。它在塑造时使用方便，成型过程中可随意雕塑、修整，成型后不易干裂，可反复使用。油泥价格较高，易于携带，制作一些小巧、异型和曲面较多的造型更为合适。小型油泥模型可以实体塑制，中型、大型模型配合木质骨架内模，外部铺挂油泥后再进行雕刻和塑造，有利于节约油泥材料并降低油泥下坠变形。一般像车类、船类造型用油泥极为方便。所以选用褐油泥作为油泥的最外层是很明智的选择。（图8-3）

4. 塑料

塑料是一种常用制作模型的新材料。塑料主要品种有五十多种，制作模型应用最多的是热塑性塑料，主要有聚氯乙烯（PVC）、聚苯乙烯、ABS工程塑料、有机玻璃板材、泡沫塑料板材等。聚氯乙烯耐热性低，可用压塑成型、吹塑成型、压铸成型等多种成型方法。ABS工程塑料的熔点低，用电烤箱、电炉等加热，很容易使其软化，可热压、连接多种复杂的形体。有机玻璃具有适光性好、质量轻、强度高、色彩鲜艳、加工方便等特点，成型后易于保存。（图8-4）

图8-3 油泥模型　　　　　　　　图8-4 塑料模型

5. 木制

木材一般都是经过二次加工后的原木材和人造板材。人造板材常有胶合板、刨花板、细木工板、中密度纤维板等。家具的模型制作常用木头制作。（图8-5）

6. 黏土

黏土材料来源广泛，取材方便，价格低廉，经过"洗泥"工序和"炼熟"过程，其质地更加细腻。黏土具有一定的黏合性，可塑性极强。在塑造过程中可以反复修改、任意调整，修、刮、填、补比较方便，还可以重复使用，是一种比较理想的造型材料。但是如果黏土中的水分失去过多则容易使黏土模型出现收缩、龟裂甚至产生断裂现象，不利于长期保存。另外，在黏土模型表面上进行效果处理的方法也不是很多，黏土制作模型时一定要选用含沙量少，在使用前要反复加工，把泥和熟，使用起来才方便。一般作为雕塑、翻模用泥使用。（图8-6）

图8-5 木制模型　　　　　　　　图8-6 黏土模型

8.1.2 模型种类

模型按用途分，有草模、仿真模型、结构模型及功能模型。

1. 草模

草模是一种粗制模型，又称研究模型、设计构思模型。在设计初期设计者根据创意草图，制作出能表达设计产品形态基本体面关系的模型。其主要用于研究、推敲和研讨产品的基本形态、尺度、比例和体面关系，在研究中更注重整体的造型，而不是过多追求细部的刻画。草模又分为两种，分别是泡沫塑料草模和手工捏制草模。泡沫塑料草模型是由泡沫塑料制作的模型。手工捏制草模型主要有陶泥捏制、盘泥条以及油泥制作等。

2. 仿真模型

仿真模型又称外观模型、展示模型，是设计过程中后期的精细表现形式，通常用于设计构思初步完成之后，在草模的基础上，按所确定的形态、尺寸、材质及表面效果等要求精细制作而成。其外观与产品有相似的视觉效果，用概括的手法表示产品的造型风格、布局安排、人机关系等，从整体上表现产品造型的整体概念，是侧重于对产品造型的考虑而制作的模型。仿真模型分为塑料仿真模型、油泥仿真模型、玻璃钢仿真模型等。

3. 结构模型

结构模型是为了研究产品造型与结构的关系，清晰地表达产品的结构尺寸和连接方法，并进行结构强度试验而制作的模型，侧重对产品结构的构思。手板样机模型就是在最终方案设计完成后，由结构工程师完成的结构设计。借助手板样机模型，设计者可以进一步校核、验证设计的合理性，审核产品尺寸的正确性，大大提高设计的准确度，并为模具设计者提供直观的设计信息，以加快模具设计速度和提高设计质量。

4. 功能模型

功能模型主要用来表达、研究产品的各种构造性能、机械性能以及人与产品之间的关系。此类模型强调产品机能构造的效用性和合理性。通过功能模型可进行整体和局部的功能实验，测量必要的技术数据，纪录动态和位移变化关系，模拟人机关系实验或演示功能操作，从而使产品具有良好的使用功能，提高产品的设计质量。

在汽车车身设计中，油泥模型制作是必须经历的一个环节。在整个设计阶段，要做1：5和1：1两种不同比例的油泥模型。比例模型的作用是将所选用的效果图立体化，一般做1~3个。做比例模型是为了体现和修正效果图中未能表现出或尚未明确的部位，是进一步明确车形概念的重要环节。实体模型可以使产品的特征更真实化、鲜明化。在模型制作过程中可同时进行设计目标、结构、生产性方面的分析研究。在满足设计要求的前提下，可对模型进行改进以完善汽车外观设计。

8.2 油泥的特性

油泥模型是传统车身设计中用油泥雕塑的汽车车身模型。早期的汽车车身模型多用石膏和木板为材料，木质模型特点是变形小、不易破损、可长期保存。石膏较便宜，但强度较低，而且不便于反复修改。1955年日本首次使用工业油泥进行汽车模型的设计开发。1972年美国通用汽车公司将油泥应用到汽车设计开发模型上，使汽车设计摆脱了受限于呆板的石膏、木板的历史。我国是在20世纪70年代初开始应用这一技术。如今，几乎对所有世界知名汽车公司而言，制作油泥模型是设计过程中非常重要的一个环节。

油泥的优点：常温下质地坚硬细致，可精雕细琢。适合精品原型、工业设计模型制作。对温度敏感、微温可软化塑形或修补。塑形简便，适合教室教学习作。不沾手、不收缩，精密度高，是工艺品业界原型制作的好材料。

新产品薄片精雕泥土，用手温即可揉形。两片胶合可用热吹风机软化表面再压合。塑形后之厚块非常坚硬，如需要重新塑造，可用耐热塑胶袋装上，泡在热水中或装在筒内放进电炉中软化。电炉只要插电，不需要放水，保温半小时后即可软化。

油泥便于成形、修改和补充。油泥模型师在雕塑油泥模型的过程中可以很方便地对所有表面细部形状进行试验、探索、比较和修改。以前油泥是用石蜡、凡士林、润滑脂加入填充剂（如滑石粉等）加热熔合，但现在早已用可塑性合成材料取代，油泥是用油脂、填料、改性添加剂和颜料等组成的混合物。合成材料油泥加热（如 60℃～ 70℃）后，很容易敷在骨架上，冷却至室温其表面会硬化，但仍可用特制的刮刀、铲刀、锉刀等工具轻易地加工成形，完成后可以得到十分光滑的表面。模型便于修改、不易风化干燥或龟裂，因而尺寸比较稳定，所以成为现在最广泛采用的汽车模型材料。

目前常用的油泥材料主要有以下几种。第一种是工业黏土（滑石粉）60%，柔性黏结剂（油脂即黄油）30%，固性黏结剂（石蜡或凡士林）10%。第二种是蜡 9%～ 10%，硫黄 50%～ 55%，灰 9%～ 10%，油脂（黄油）20%～ 25%，树脂、颜料少许。第三种是建筑用油泥，成分为黏土和桐油等。不同的油泥具有不同的物理化学特性，第一种油泥在制作时固性黏结剂与柔性黏结剂的比例随地域的变化难以控制。第二种油泥的成分复杂，且油泥的膨胀系数随温度变化大，不适合长期保存。第三种油泥使用方便，成本低廉，黏性好，可塑性好，容易成型，而且干燥后可固结便于存放和测量；只是该种油泥有轻微的毒性，置干过程较长，且必须放置于通风清凉处，以免产生裂纹和高温产生"流样"，故在使用过程中需要注意。

8.3　油泥模型制作工具

"工欲善其事，必先利其器"，油泥模型制作有针对其特性而制作的工具，满足制作过程中的测量、切削、裁切、黏接及涂饰等操作的工具。

1. 工作台案

对于较大汽车模型的制作，需要台面上有尺寸的工作台案，便于汽车尺寸的精确确定（图 8-7）。

2. 尺

度量工具，如三角板、卷尺、钢尺、墨斗、灰包等。

3. 刮刀

刮刀是汽车油泥模型制作最后阶段的主要工具，可以精刮、细刮油泥（图 8-8）。它是模型基准面完成后，对油泥模型的各个部件制作、部件之间的连接（转折面）等细节的处理和表面光顺度的处理，使模型富有变化，更加完美。

不同的刮刀使用方法及特性不同，如表 8-1 所示。

图 8-7　工作台案

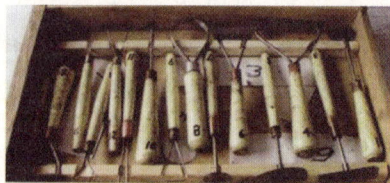
图 8-8　油泥刮刀

表 8-1　油泥刮刀图示及特性

序号	名称	图示	特性
1	直角油泥刮刀		一刀刃刃口成锯齿形；油泥初敷后进行粗刮；以对角线方向进行刮削使用
2	直线弧型油泥刮刀		用于粗刮削油泥使用的工具；按对角线方向进行刮削使用；使原本较粗糙的表面接近平滑

3	精细单刃油泥刮刀		对初刮过的油泥模型表面精刮； 使其表面更为精细、光滑
4	双刃弧度油泥刮刀		粗刮削油泥工具； 使用时按对角线方向进行刮削
5	两 R 刮刀		修整大型内弧时使用
6	蛋形刮刀		在刮削圆形凸面或宽度较窄的沟槽或内弧的修正时使用
7	三角刮刀		在刮削圆形凸面或宽度较窄的沟槽或内弧的修正时使用
8	弧面刮刀		挖洞或进行深挖作业时使用
9	凹面削制工具		用于油泥表面的凹陷； 勾画细微部分而进行刮削使用
10	钢制修整刀		顺着曲面刮削，不适于整体性刮削工作，在弯曲方向刮出随意的起伏；钢制修整刀适于收尾工作
11	缝隙导槽		勾勒汽车油泥模型的车门、窗等部分的线条和凹槽工具

8.4　油泥模型制作方法

1.烘烤油泥

油泥的特性是热软冷硬，油泥的填敷必须是在软化的状态下才能使用，因此在油泥模型制作前，一定要将油泥烘烤变软。油泥烘烤的好坏对模型的质量有很大的影响，应用烤箱烘烤能使油泥达到最佳的状态（图 8-9）。在油泥烘烤时使用中，注意以下几点：

图 8-9　油泥烤箱

（1）油泥烘烤时注意精确的温控和加热均匀，如果温度过低，油泥的软化程度不够；如果温度过高，油泥的性能会受到影响。温度高到一定程度，油泥会因液化而成分分解，导致无法使用甚至燃烧。

（2）油泥不能堆砌摆放，应分层放置，而且在摆放油泥的时候也不要太密集，让每根油泥之间都有良好的通风间隙。

（3）油泥在加热过程中软化不均匀是一个最大的问题，因为受热不均匀而导致局部升温太快，因此带有内部鼓风的烘箱最好。

（4）油泥在加热过程中一定要使用托盘盛放，托盘四边的高度不要超过一根油泥直径的 2/3，在烘箱中托盘与托盘之间不要重叠放置，以避免油泥在托盘内部被过度加热。

（5）盛放油泥的托盘最好是用白铁皮做的烤箱专用平底铁盘，尽量不要使用瓷盆（碗），特别是小底的瓷碗不易使油泥充分受热，加热时间长，油泥损耗大。

（6）油泥拿出烤箱很快就会硬化，烘烤的油泥在制作过程中是用多少拿多少。因此使用的烤箱最好是能够调节温度和恒温的。

（7）不同种类的油泥有不同的特性，它们烘烤的温度是不一样的，因此不要将不同种类的油泥混在一起，使用过的油泥也可以回收后再使用。

2. 回收油泥

油泥除了方便制作成型外，还可以反复回收使用也是它的一大特点。在制作油泥模型的过程中，会有许多刮削下来的泥片。有时甚至你从烘箱中拿出来的油泥可能还没有用完就已经硬化了，可以将油泥重新回收软化后再使用。

但油泥被使用一两次后，油泥中会产生气泡，密度疏紧不一，黏性降低。回收油泥的方法有两种：一种是放回烘箱重新烘烤，另一种是用油泥回收机炼制（图8-10）。

图 8-10　油泥回收机

用烘箱重新烘烤回收的油泥与烘烤新油泥的方法基本一样。将使用过的油泥收集起来，放在托盘中。要注意在烘烤回收的油泥时，应将油泥切成小块状，可以烘烤得快捷而软化均匀。

使用烘箱烘烤回收的油泥，一次使用量较大时，可先在平板上将油泥用力揉搓，将油泥中的气泡溢出，使油泥混合更为均匀。

用油泥回收机对油泥进行回收，是最方便、最快捷回收油泥质量最好的方法。将使用过的油泥收集起来，直接放在油泥回收机中搅拌，回收机会自动对油泥进行加温软化。

用油泥回收机回收油泥，就像搅肉一样，一边放一边出。在对油泥的处理质量上比人工高，用时不需要用力揉搓就直接可以使用。也可以一次性将所有要回收的油泥全部处理出来，放在烘箱时备用。油泥虽然可以反复回收使用，但油泥在烘烤的过程中，油泥中的成分会逐渐流失，回收次数太多，油泥黏性和塑性大大降低，一般进行 3～4 次为宜。

对回收的油泥质量也有一定要求，回收时一定仔细清理油泥中的芯材碎渣和渣滓，如果含有其他杂质，也会降低油泥纯度，造成油泥黏性和塑性的降低。

3. 填敷油泥

往模型胎基表面上油泥称为填敷（也有称为填墩、上泥）。填敷油泥就像做雕塑要先"上大泥"一样。但填敷油泥不能像做雕塑将油泥一坨一坨地按在支架上，然后用棒使劲地敲打压紧。禁忌贪图速度就大块大块地填敷油泥，即使是软化了的油泥也不是敷上去就能够很好的贴合，也很可能在层与层之间形成空腔，容易剥离。这是由于新填敷油泥的温度与已填敷油泥的温度之间相差太大，使新填敷的油泥很快冷却，在两层之间就容易形成一个剥离层。而多次反复使用过的油泥会密度疏松，黏性降低，即使只是使用过一次，也会产生气泡。所以使用前，要用力揉搓。油泥烘烤不够或不均匀也是容易形成空腔及剥离的原因，没有充分软化的油泥相互之间是不能贴合的。

4. 粗刮油泥

粗刮油泥也有称初刮油泥，根据模板或图纸去掉凸出的多余部分，将凹陷的地方填补起来，对油泥模型基准面的塑造以确定大形，这是一个反复多次的过程。粗刮油泥可用刮刀，也可用模板，这两种方法常常是交叉使用的。选择哪种工具，主要根据刮制的汽车和各部件面积的大小确定。

在粗刮油泥的过程中，头脑中要始终保持完整的形状。参照草图和效果图，将模型与图纸反复比较，对油泥模型进行不断的审视、改进和调整。也可以用模板或标高尺检查。

由于粗刮只是制作基准面，所以刮削时应先从大的面开始，只注意大面的准确性，只刮制出模型的基本形状。在大的面制作完成前不要忙做小的面，更不要进行细节的制作。在基准面刮制完成后一定要检查平顺度，在该面平行贴上黑胶带，通过观察黑色胶带之间的距离是否平行、均匀，可以判断该面平顺度是否一致。

粗刮油泥时标注采样点最重要的是要找定位线，一般来说，多数产品都是对称的形态，因此常用中轴线作为定位线，而且只需要找一条。作为表示对称的中轴线，往往决定着整个模型的基本大型，以中轴线作为定位线来找到其他面的位置既准确又方便。

对称的制作也是以中轴线为界，一般来说，油泥模型是先制作好一半后，在细节制作前再进行另一半对称的复制。汽车与摩托车在制作的时间和顺序上略有区别。

对于汽车全尺寸油泥模型，可以从填敷开始就只做一半，待所有制作完成后再制作另一半并且可以两边造型不同。对于汽车缩比模型，更适宜从粗刮时就采用整体制作的方法。

5. 精刮油泥

精刮油泥也称细刮油泥，是油泥制作过程的最后阶段。

对于部件制作，在刮制前要先用一些设备或模板在模型上标注出准确的位置。在刮刀的选择和使用的方法上与粗刮基本相同，针对特殊部位和特殊造型选用特殊形状的刮刀、模板或其他工具。部件之间的表面连接（转折面）处理是使模型富有变化，更加完美。一般情况是结合部件制作一起进行。由于其变化多端，更多的时候是用刮刀，采用"目视"的方法制作。

为了保证刮制的模型表面平整光顺，在大型曲面表面的刮制时，应根据模型断面的长十字形交叉和多方向，这样刮制的模型表面不易形成波浪。使用长刮片不但可以多方向垂直于模型表面来检查，而且通过查看刮制的痕迹是否一致也可以判断模型表面的平整度，便于及时调整模型表面曲率、光顺。

刮制时刮片应朝不同的方向倾斜而适当用力，并注意手的摆放位置，手指的用力应均匀分布在刮片上，防止受力不匀，刮片变形。

对某些表面面积较小和特殊部位，无法使用钢刮片，可选用精刮和特殊形状的油泥刮刀，刮制方向仍然呈十字形交叉。

对模型各个部件之间面的连接等细节，完成不充分的地方进行调整，由于这些部位造型特殊，主要选用圆形刮刀和三角形刮刀，也使用一些特制的模板。

如果表面模型有气泡或凹陷，可用针扎破放气，如气泡较大还需与凹陷的地方一起填补油泥，填敷时要按紧并延伸，以免起层脱落。然后再重复上面的步骤。

8.5 汽车油泥模型制作程序

在汽车造型设计中，油泥模型制作是必须经历的一个环节。它将平面图立体化，提供了一个立体的汽车形态，在这样的基础上，确定方案或进一步推敲就比较容易了，譬如曲面应该往外鼓一点还是内收一点，曲线应该往上调一毫米还是往下一毫米，这样的过程很难在数字模型上实现。虽是再细微不过的变化，但可能带给我们对整车的感受非常不一样，或结实饱满，或端庄优雅，或动感十足。另外，汽车油泥模型有许多规格，通常有1∶1、1∶4、1∶5等比例。

汽车油泥模型作为对设计理念的具体表达就成为设计师与开发商、使用者之间的交流"语言"，而这种"语言"——即设计"物"的形态是在三维空间中所构成的造型实体，使设计师、业主和评审者从立体条件下去分析和处理空间及形态的变化，成为评价审核设计方案十分重要的形象载体。在汽车油泥模型制作中，从设计草图的绘制、胶带图及油泥模型的制作，有一定的步骤及程序，下面以豪华商务概念车 BMW i AURON 为例来展示汽车油泥模型作过程。

1. 造型设计方案的平面表达

在制作汽车油泥模型之前需要进行头脑风暴，对所要制作的造型进行平面表达，这一阶段是整个产品设计最为重要的阶段。通过思考形成创意，并加以快速记录。这一设计初期阶段的想法常表现为一种即时闪现的灵感，缺少精确尺寸信息和几何信息。基于设计者的构思，通过草图（图 8-11）勾画方式纪录，绘制各种形态或者标注纪录下设计信息，确定三至四个方向，再进一步进行深入设计。

2D 效果图（图 8-12）将草图中模糊的设计结果确定化精确化。通过这个环节生成精确的产品外观平面设计图。既可以清晰地展示产品的尺寸和大致的体量感，也可以表达产品的材质和光影关系，是设计草图后的更加直观和完善的表达。

多角度效果图，更为直观的方式从多个视觉角度去感受产品的空间体量。全面的评估设计，减少设计的不确定性。

2. 设计方案的胶带图

胶带图（图 8-13）是汽车造型设计行业专用的设计表达手段。所谓胶带图是用专门的、不同宽度的胶带在纸上或者白色的扳子上粘贴出的车辆的比例视图，用于制取油泥模型样板和作为电脑建模的控制线。之所以使用胶带而不用笔绘图是因为以下几个原因：

图 8-11　设计草图

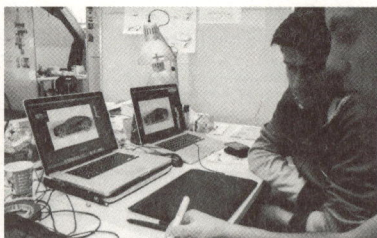
图 8-12　效果图

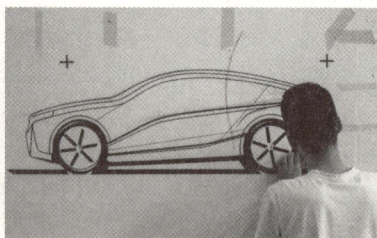
图 8-13　胶带图

（1）胶带比用笔画出的线更宽，便于从远处观察车辆的造型效果。

（2）使用胶带能粘贴出更光顺而有张力的表面曲线。

（3）胶带图便于随时修改。

胶带图一般在墙上制作。设计师按照效果图方案在画有坐标网格的纸上用胶带粘贴出汽车的轮廓线，粘贴的时候，一只手把胶带的一头按在纸面上，另一只手一边拉一边把胶带按照车身轮廓线的走向贴在纸面上。两手之间张紧的力度决定了贴出的胶带线的张力。如果不满意就揭下重来。制作胶带图是车身细化设计

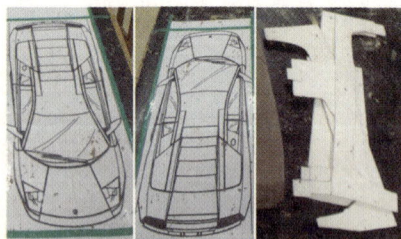
图 8-14　制作模板

的过程，通过胶带图可以精细地调整车身轮廓曲线和比例，使之更加光顺饱满，更加具有力度。

3. 制作比例油泥模型模板（图 8-14）

将打印出的平面图放在木夹板上，用锯字机或曲线锯锯出车形轮廓。要注意的是在锯时锯路离线要有 1～2mm 的余地，以防多锯。在钉立脚时要借用角尺，保证模板站立时垂直且稳定。这样在汽车油泥模型

制作之前就会有一个大概的轮廓出现。

4. 制作比例油泥模型的底座及内芯（图 8-15）

制作底座需要将木板板锯出略小于汽车平面图的长方形板，再根据车轮、轮距、轴距的数据锯出 4 个车轮的相应凹形。在其背面钉上"T"形或"工"形的支架。支架高度即底板底面至台面的高度，也是汽车离地间隙的高度。前轮轴距中心为汽车坐标原点，底板及支架的纵向中线与台面的中线要对准、吻合。

内芯的制作过程是在板面上均匀钉上铁钉，尖端钉穿朝上。先将泡沫板用建筑胶黏合成稍大于车模体积的长方体，再将底板面涂上胶液，将方体与底板黏合好，内芯制作完毕。

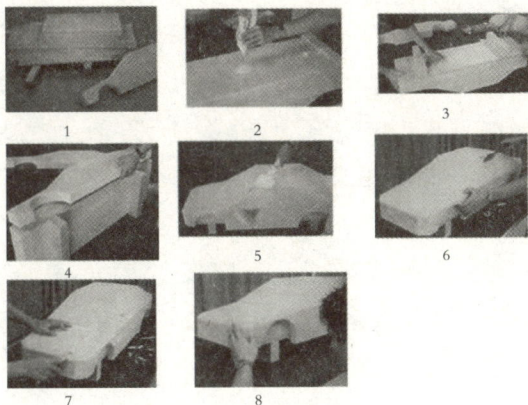

图 8-15　制作比例油泥模型的底座及内芯步骤

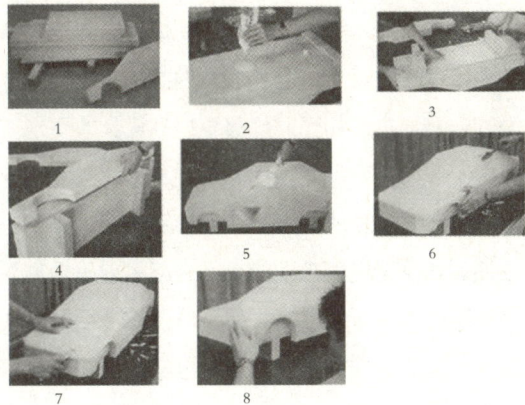

图 8-16　填敷油泥

5. 敷油泥阶段（图 8-16）

填敷油泥的主要方法有"推"和"勾"。"推"是用大拇指和手掌缘向前推进填敷；"勾"是用食指弯曲，用其内侧向后勾拉填敷，不要用其他手指。填敷油泥只能是一层接一层的敷贴，并且第一层油泥不要敷得太厚。应该是适当用力并尽量均匀地先填敷薄薄的一层。然后再照此方法一层一层地填敷较厚的油泥。但不要过厚，可以多填敷几次，保证油泥之间的贴合，直到填敷满整个胎基。

手指一次可填 2～3mm 厚，手掌一次可填 4～5mm 厚。油泥过厚收缩力会很大，厚薄不匀容易爆裂，也容易和泡沫分离。一般大型油泥模型的油泥厚度为 30～50mm，小型油泥模型的油泥厚度为 10～20mm。

要注意的是多次填敷油泥时不要在层与层之间形成空腔，一定要把空气排出去。如果油泥之间有间隙，油泥会因收缩陷落而导致表面凹凸不平，也容易形成剥离层，造成刮制时油泥脱离。

油泥填敷基本差不多的时候，就可以用模板来检测所填敷的油泥。根据工作台上的定位线设置好模板，可以看出这些位置所上的油泥的盈亏。用油泥沿模板在这些位置上将高度确定下来，并做好记号作为基准线，然后把油泥补上，直到基本达到预定位置。

6. 粗刮模型阶段（图 8-17）

粗刮油泥根据模板或图纸，去掉凸出的多余部分，将凹陷的地方填补起来，对油泥模型基准面的塑造以确定大形，这是一个反复多次的过程。在刮制油泥的过程中，不能完全凭感觉，一定要多次测量图纸，分析参考点、特征线，使用标高尺在油泥上标注准确的采样点。采样点标注完成后，用刀或胶带将这

图 8-17　粗刮油泥模型

些采样点连成起来，而形成各个面，这些采样点连接成的线就是面的边缘界线。采样点越多，模型尺寸越准确。

粗刮油泥可用刮刀，也可用模板，这两种方法常常是交叉使用的。选择哪种工具，主要根据刮制的汽车模型和各部件面积的大小确定。用刀刮削的方法是，一只手握刀拉刮，另一只手搭在刀架以控制轻重和保持平稳。用模板刮制可以利用支架，如果是用手持，要注意把握平稳。刀具主要选用直角型或双刃油泥刮刀，根据模型大小尽量选择大尺寸的刮刀。使用双刃油泥刮刀刮削时要使用带齿的一面，不要使用带刀的一面。

为了保证刮削面的连续性和平整性，刮削过程中用力要尽量均匀，并保持平稳。前后两次刮削用刀呈十字形交叉方向，不要只朝一个方向用刀。

7. 精刮模型阶段（图8-18）

精刮模型阶段是模型基准面完成后，对油泥模型的各个部件制作、部件之间的连接（转折面）等细节的处理和表面光顺度的处理。精刮油泥完成后，要再次对模型整体进行确认，反复比较，确认形状完全无误，各面的连接、过渡和光顺度都要达到设计的要求。在精刮油泥的过程中，不但要多次分析图纸，而且要充分发挥个人的主观感受和审美观，利用视觉差带来的各种艺术效果。由于不同产品形态、结构的复杂程度不同，因此，其油泥模型精刮的内容和方法步骤是有差异的。

油泥表面光顺度处理的精细程度主要是根据对模型后期处理的要求确定。由于最后的用途不同，油泥的精细程度可以灵活控制。用于贴膜的精细程度要求最高，因为贴膜后即便是最细小的瑕疵也会很明显地显露出来，所以在贴膜前有必要再次用钢片来精修，精修后要很小心，不要随便碰模型。用于三维扫描的油泥模型要求也很高，因为直接影响到数据采集和视觉外观。精刮好的模型不要随便碰，贴采集点时也要很小心。用于翻制玻璃钢的模型要求稍低，因为翻制出的玻璃钢模型还需要修补、打磨。当然，表面越光顺，玻璃钢打磨越轻松。对精细程度要求最低的是直接喷漆，因为是不会直接在油泥上喷漆的，需要在表面敷一层泥子后再打磨，这样可以填补很多缺陷。

8. 喷涂阶段（图8-19）

喷涂是最后很关键的一步，要十分小心，首先选好要喷涂的颜色和材质，要继续用泥子给模型找平，模型也要精细到一定程度才行。找平后喷底漆，可能会发现瑕疵，继续找平。整个过程要十分仔细，以免出现差错，调漆也是一个很容易出差错的地方，也需要十分小心注意色彩的饱和度。最后正式喷漆，对于不同颜色区域，比如两个区域就要喷两次，不喷漆的地方用低黏度胶带贴好。喷完第一次等在烘干房彻底干后再继续喷。车灯、车轮、后视镜等部件在最后的时候附上去，保证整体效果的完整。

现在世界上知名汽车公司，都把制作汽车油泥模型作为设计过程中的一个非常重要的环节，汽车油泥雕塑便于加工、修改，可以制作1：5、1：10等各种小型油泥模型，再审定后制作1：1的模型，以观察汽车整体造型效果，这种三维可视的视觉感受比停留在二维图纸上的视图更为直观。

图8-18 精刮油泥模型　　　　图8-19 喷涂模型

第9章 品牌汽车造型设计分析

全世界各个国家的汽车（尤其是轿车）车身造型的流行式样虽然不断更新、变幻莫测，但是由于车身造型的发展与车身的生产方式、使用要求以及时代特征都有密切关系，因此车身造型发展有着共同的基本趋势——流线型汽车。自汽车问世以来，一些品牌的汽车经过近百年的发展，形成了自己独特的内涵与意义，下面介绍迈巴赫、宾利、劳斯莱斯、布加迪、法拉利、兰博基尼等10款汽车，以了解汽车的品牌形成、发展历史及风格特点。

9.1 Maybach（迈巴赫）—德国

1. 迈巴赫车标

迈巴赫（MAYBACH）品牌首创于20世纪20年代。被誉为"设计之王"的威廉 · 迈巴赫(Wilhelm Maybach)不但是戴姆勒 · 奔驰公司的三位主要创始人之一，更是世界首辆梅赛德斯 - 奔驰汽车的发明者之一。1919年，难舍汽车梦想的威廉 · 迈巴赫与其子卡尔 · 迈巴赫(Carl Maybach)共同缔造了"迈巴赫"这一传奇品牌——一个象征着完美和昂贵的轿车。

图9-1 迈巴赫车标

具有传奇色彩的品牌标志由两个交叉M组成，围绕在一个球面三角形里组成。品牌创建伊始的两个M代表的是Maybach Motorenbau的缩写，而现在两个M代表的是Maybach Manufaktur的缩写。

2. 迈巴赫品牌发展历史

威廉 · 迈巴赫在汽车发展史中扮演着重要的角色，他所做出的杰出贡献使他被后人冠以"设计之王"的美誉。1846年2月9日，威廉迈巴赫出生于德国的海尔布隆，后来全家搬到了德国的汽车之乡斯图加特。在威廉 · 迈巴赫10岁的时候，父母相继去世，使年幼的他成了一个孤儿，就在他生活面临困难的时候，一家慈善机构领养了他。上学期间，学校的创办人发现了威廉 · 迈巴赫在技术方面过人的天赋，并很好地培养了他，这为他日后在汽车领域的发展打下了深厚的基础，迈巴赫品牌创始人为威廉 · 迈巴赫(Wilhelmmaybach)先生。

迈巴赫品牌大事记见表9-1所列。

表9-1 迈巴赫品牌大事记

年份	迈巴赫品牌大事记
1885	"老爷钟"发动机应用于自行车，这实际上就是摩托车的先驱
1890	DMG成立，戴姆勒任监管会代理主席，迈巴赫也进入公司管理层
1897	迈巴赫进一步完善了前置发动机的Phoenix轿车

1900	戴姆勒逝世，迈巴赫进行大量改进，造就了历史书上所见的第一款只有 35 马力的现代汽车
1907	迈巴赫离开 DMG，并开始指导卡尔·迈巴赫设计齐柏林式硬式飞艇的引擎
1909	卡尔担任 Luftschiffbau Zeppelin 飞艇制造子公司 Luftfahrzeug 技术总监
1910	第一台迈巴赫飞艇发动机完工，这款 145 马力的 6 缸发动机用于 LZ6
1918	5 月 16 日，腓德烈斯哈芬发动机公司更名为迈巴赫发动机公司
1919	迈巴赫 W1 试验车完工，为荷兰豪华轿车 Spyker 制造的 W2 发动机完工
1921	在柏林汽车展中，迈巴赫推出其第一辆轿车 W3
1926	迈巴赫 W5 轿车面市
1928	迈巴赫开发 530 马力的 VL2 飞艇发动机，5 台用于 LZ127 "齐柏林伯爵号" 飞艇
1929	12 月 29 日威廉·迈巴赫在斯图加特逝世
1930	迈巴赫 "齐柏林" 轿车面市，采用 V12 发动机，是德国最大型的豪华轿车
1930	DSH 车形上市，产量为 34 辆左右
1931	W6 型轿车面市，采用与 W5 相同的 6 缸发动机，但轴距比 W5 更长
1934	迈巴赫推出世界上第一台高性能涡轮增压柴油机：600 马力的 GO6
1935	SW35 型轿车面市
1936	SW38 型车桥面市，采用了迈巴赫发动机的高速铁路车其速度创造了世界纪录
1939	SW42 型轿车面市
1941	迈巴赫轿车被迫停产
1946	卡尔与政府签订合同，进行 1000 马力汽油发动机和柴油机的研究和制造
1951	卡尔·迈巴赫在其位于加米煦的住宅中生活和工作
1952	卡尔·迈巴赫退休
1959	斯图加特的技术大学授予卡尔·迈巴赫荣誉教授称号
1960	2 月 6 日，卡尔·迈巴赫去世，戴姆勒－奔驰收购了迈巴赫发动机公司的多数股权
1966	迈巴赫发动机公司与戴姆勒－奔驰的重型发动机制造部合并为迈巴赫－梅赛德斯－奔驰发动机公司
1969	迈巴赫－梅赛德斯－奔驰发动机公司变更为腓德烈斯哈芬发动机和涡轮机联合公司 (简称 MTU)
1996	威廉·迈巴赫的名字进入汽车名人堂
1997	戴姆勒·克莱斯勒集团宣布复兴迈巴赫品牌
2002	全新 57、62 车形上世
2005	57s、62s 车形上市，提高了基础版车形的整车性能
2005	迈巴赫 exelero 概念车亮相车展
2008	62SLandaulet 亮相迪拜车展
2011	迈巴赫 57SCruiserioCoupe 上市

3. 迈巴赫品牌造型设计

迈巴赫是使汽车的建造工艺发挥到最极致的品牌。冰箱、酒柜、电话、传真机、电视等，只要想要都可以在迈巴赫中实现，而且每一辆迈巴赫都是定制的（图 9-2），客户和客户经理以及工程师顾问一起商定后才投入生产的，因此每一辆迈巴赫都是不同的。

迈巴赫则是一种更加偏执于汽车技术以及客户个性化定制的产品，无论是从车辆的配置、内饰甚至到车身的颜色等细节，都给客户提供了诸多选择，而且车辆的轴距长、空间大，将产品打造成类

图 9-2 迈巴赫 57s 内饰

似于飞机头等舱，其奢华程度比劳斯劳斯更胜一筹。

迈巴赫 57s（图 9-3）是迈巴赫品牌的一款支柱产品，57s 用 12 根坚固的双幅格栅条配合内层格栅则体现了唯我独尊的恢宏气魄。全新设计箭形散热格栅都比以往更加宽阔、舒展，以增强硬朗的视觉效果，还有设计师重新设计的水平保险杠为迈巴赫赋予了更加宽阔的外形，而镀铬镶嵌加宽的 LED 日间行车灯则于外侧进气口完美融合。

图 9-3　迈巴赫 57s

9.2　Bentley（宾利）—英国

1. 宾利车标

宾利车标（图 9-4）设计运用简洁圆滑的线条、晕染、勾勒形成一对飞翔的翅膀，整体恰似一只展翅高飞的雄鹰。中间的字母"B"为宾利汽车创始人 Bentley 名字的首字母，令宾利汽车既具有帝王般的尊贵气质，又起到纪念设计者的意味。

图 9-4　宾利车标

另外，在部分高端宾利车形（例如慕尚、雅骏、布鲁克兰等）的前引擎盖上还装有一枚与主体标志构成相同的立体标志，这一点与劳斯莱斯的飞天女神立体标志有着异曲同工之妙。

2. 宾利品牌发展历史

（1）宾利源于赛车，宾利的创始人 Waltar Owen Bentley 对赛车运动情有独钟，因此，1923 年宾利汽车多次参加了勒芒赛事，上场就以轻而有力的引擎震惊全场。

（2）从 1912 年成立到 1924 年勒亡赛道上的所向披靡，再到 20 世纪 30 年代初期由于濒临倒闭而并入劳斯莱斯，直到 1998 年被大众收购，宾利饱经磨砺，但是每一辆宾利车却都有着传奇的经历。

（3）1921 年，宾利出品了功率 85 马力、车速高达 128 千米的 3L 车形，这是当时最快的量产汽车。这一车形被认为是当时车坛极具创新意识的产品，并且开创了性能车这一概念。这款 3L 车打破了当时几乎所有的耐力和速度纪录，后来，其衍生车形还为宾利历史性地一举夺下 1924 年、1927 年、1928 年、1929 年和 1930 年 5 年勒亡 24h 耐力赛冠军，宾利从此名扬天下。

（4）20 世纪 30 年代初期，由于财政危机而濒临倒闭的宾利成为劳斯莱斯旗下的一个品牌。1933 年，第 1 辆由宾利设计、劳斯莱斯负责生产的宾利汽车面世，命名为"3.5 升"。这款车明显带有劳斯莱斯的风格，在造型上是 30 年代非常流行的款式，但运动性能并不出色。可是对于一度消沉后重现江湖的宾利来说，这已经算是成功的了。

（5）第二次世界大战后，宾利迎战了新的发展机遇。1946 年，宾利生产的 MK6 的左置方向盘车形问世，这是宾利出品的第 1 款左置方向盘车形，预示着宾利已经将眼光投向了国外市场。

（6）1952 年，采用劳斯莱斯"银云"车身，配备 4.9L 发动机及自动变速箱的 S 型轿车上市，很快便取代了 R 型车，成为宾利新的主力车形。

（7）1965 年出品的 T 系列虽然采用了劳斯莱斯"银影"的一体式车身，但是在动力系统、悬挂系统及刹车系统上都有了很大改进。

（8）1970 年，T 系列车形开始使用 6.75L 的 V8 缸发动机。20 世纪 80 年代 T 形车的换型以及涡轮增压系统的引进，给宾利品牌注入了新的活力。

（9）20 世纪 90 年代，宾利的车形更加丰富。其中以 1991 年全新设计的双门跑车 Continental R 最为引人注目，这使宾利脱离了多年来劳斯莱斯臃肿的造型，也使其运动精神发扬光大。

（10）Continental T 是宾利与大众合并前的最后一款车形。这款车采用高性能涡轮增压发动机，由伦敦久负盛名的车身制造商穆莱纳 (Mulliner) 制造，车形上还添加了"个人特别版"字样，以凸显其尊贵气质，这些再一次向世人显示了宾利的王者风范。

（11）1998 年，宾利被大众公司收购，推出雅致 Red Label。

3. 宾利品牌造型设计

宾利的家族 DNA 是英式传统、经典设计、传奇色彩和含蓄自信的绅士风范，偏长的引擎盖、较短的前悬部分、后轮上部突出的肌肉线条充满的力量感，以及具有代表性的圆形车前灯和圆格栅，一直都被宾利沿袭下来。

宾利慕尚（图 9-5 和图 9-6）是宾利品牌汽车的支柱产品，慕尚的诞生代表英国豪华汽车制造业的巅峰，全新慕尚散发出优雅、自信、奢华的气息，同时又体现了宾利的赛车传统。慕尚在外形上沿袭了 1950 年宾利 S 型的设计特点，采用强劲而独特的前脸设计，同时保留格栅圆顶和圆形车灯这两大宾利的标志性设计。长长的引擎盖加上短前悬和长后悬，后腰线上抬的肌肉感设计与清晰的线条，从前向后优雅延伸，设计独特的 20 英寸轮毂（可选 21 英寸）等外观设计都彰显了浓郁的英伦古典韵味。慕尚的车厢内部精致而奢华，与高雅的外观相得益彰。

图 9-5 宾利慕尚设计图

手工精制是宾利的传统，也是保证其贵族血统的重要原因。自从 1931 年以来，宾利车至今仍在英国克鲁郡由经验丰富的工匠以手工拼装，这些工匠的造车手艺亦是代代相传，经千锤百炼令品质完美无瑕，与现代化汽车生产流水线相比，宾利的克鲁郡厂房的生产线每分钟只移动 6 英寸，每辆车要花上 16 至 20 星期才能完成。宾利车的内饰选料豪华，拼装手工精细，堪称全球汽车之冠，每一个细节都力臻完美。当中最考究的，莫过于手工缝制的真皮内饰。

图 9-6 宾利慕尚前脸

9.3 Rolls-Royce（劳斯莱斯）—英国

1. 劳斯莱斯车标

罗尔斯·罗伊斯汽车的标志图案采用两个"R"重叠在一起（图9-7），象征着你中有我，我中有你，体现了两人融洽及和谐的关系。而著名的飞天女神标志则是源于一个美丽的爱情故事。

"飞天女神"标志（图 9-8）的设计者是英国画家兼雕刻家查尔斯·赛克斯。20 世纪初，经朋友蒙塔古介绍，赛克斯负责为劳斯莱斯设计一

图 9-7 劳斯莱斯车标

尊雕塑车标。当时，蒙塔古疯狂地爱着他的女秘书桑顿，恳请赛克斯以桑顿
为原型设计车标。所以，赛克斯的最初设计中，雕像是一尊披着长袍的女人
将手指放在嘴唇上，象征着蒙塔古与桑顿之间不能说的秘密情史。这个恋爱
故事历经重重磨难，桑顿身份地位曾是夜总会舞女，所以两人根本无法在一
起生活，在得到家族与蒙塔古妻子的谅解后，两人最终可以走到一起，不幸

图 9-8　劳斯莱斯飞天女神车标

的是，后来桑顿在一次乘船旅行中不幸遭遇德军水雷，永远沉入了冰冷的大
海。后来，他们这段美好又略带凄惨的爱情故事就保留在了这个车标上。后来，劳斯莱斯邀请赛克斯把它改
为双手如羽翼般向后伸展的形象，也就是今天的"飞天女神"。1911 年，它正式成为劳斯莱斯车的车标。
从此，劳斯莱斯的飞天女神车标更是美丽的爱情象征。

　　2. 劳斯莱斯品牌发展历史

　　劳斯莱斯（Rolls-Royce）是世界顶级超豪华轿车厂商，1906 年成立于英国，公司创始人为 Frederick
Henry Royce（亨利·莱斯）和 Charles Stewart Rolls（查理·劳斯）。Rolls-Royce 出产的轿车是顶
级汽车的杰出代表，以豪华而享誉全球。

　　劳斯莱斯 1907 年推出的"银灵"轿车，不久便被誉为"世界上最好的汽车"。很多人知道劳斯莱斯汽车，
却不知道罗尔斯·罗伊也是世界上最优秀的发动机制造者。著名的波音客机用的就是劳斯莱斯的发动机。"二
战"后劳斯莱斯的主业之一就是生产航空发动机，1971 年负债亏损导致破产。后在英国政府干预下将劳斯
莱斯公司一分为二，分为汽车与航空发动机两间公司。劳斯莱斯品牌仍然由两家公司在两种产品上使用。

　　劳斯莱斯品牌大事记见表 9-2 所列。

表 9-2　劳斯莱斯品牌大事记

年份	劳斯莱斯品牌大事记
1904	劳斯与莱斯正式合作创立劳斯莱斯品牌
1907	银魅诞生，至 1924 年生产了 6173 台，成了当时的经典车形
1911	飞天女神徽标进入设计阶段
1914	莱斯开始研制飞机发动机，并且这成了劳斯莱斯的主营业务
1925	进入幻影时代
1931	莱斯收购宾利品牌，同时幻影 3 开始研发，不过随着幻影 3 销售不佳，劳斯莱斯也进入了没落期，同时宣告莱斯时代结束
1946	劳斯莱斯公司战后第一款量产车诞生——宾利 Mark VI
1948	银色黎明诞生，这也是战后劳斯莱斯的首款自己品牌的产品
1948	幻影 4 诞生，它的出现意味着劳斯莱斯开始迈向超高端
1955	银云车形面世，它的出现引领着一个新时代的开始
1971	劳斯莱斯首款敞篷车 Corniche 面世
1980	莱斯莱斯汽车被 Vickers 收购
1998	Vickers 出售劳斯莱斯汽车业务，宝马汽车全盘接手
2003	宝马接手劳斯莱斯后的首款新车——全新幻影诞生。
2003	专为劳斯莱斯 100 周年庆开发的 100EX 诞生。

　　3. 劳斯莱斯品牌造型设计

　　劳斯莱斯家族的经典车形有幻影（图 9-9）和古斯特（图 9-10）两款车形，劳斯莱斯经典造型是长发动

图9-9 劳斯莱斯幻影

图9-10 劳斯莱斯古斯特

机机罩、短前悬和长后悬。长轴距造就了宽敞的内部空间，加上垂直式的车前罩和高灯，为它增添了卓尔不凡的气质。

斯莱斯的另一个特征就是它的车顶轮廓线，这条线在后部与坚固的C柱融为一体时，为车辆增添了沉稳的味道。在汽车底部，另一条从后到前而又巧妙向上的弧线，与缓缓向下的车顶轮廓线相映生辉。其他特点还包括隐秘的后窗与C柱相结合，为后座乘客提供更大的私隐保护和宽广的侧面轮廓。

劳斯莱斯显得稳重、高贵而且具有贵族、皇室风范，每辆劳斯莱斯都堪比一座"移动的宫殿"，而且因为劳斯莱斯是英国皇室的座驾，因此这种高贵、优雅的风格也被自然而然地传达出来。

图9-11 布加迪车标

9.4 Bugatti（布加迪）—法国

1. 布加迪车标

布加迪汽车高雅、独特、不受拘束的个性在车标上体现得淋漓尽致：由60个小圆点、创始人艾托里·布加迪姓名开头字母"E"的异体字和线条鲜明的公司名称Bugatti组成，从1909年开始，每辆布加迪汽车都使用了这个车标（图9-11）。这代表了布加迪企业对其高级、有品位的客户们的庄严承诺。独一无二的设计思路、经典跑车的悠久历史以及在研制、设计和生产时广泛采用手工制作以确保的精度，这些都是布加迪品牌的核心价值所在。2005年推出的布加迪威航充分体现了布加迪的品牌价值，无论是从技术还是美学角度来看，它都尽善尽美，和公司之前的作品一样，其性能足以与目前的任何一款赛车比肩。

2. 布加迪品牌发展历史

布加迪车是古典老式车中保有量最多的汽车之一，以布加迪为品牌的车形在世界多个著名汽车博物馆中可以看到，而且性能上乘，车身造型新颖、流畅，直至发动机的配置都独具特色。布加迪是以生产世界上最好的最快的车闻名于世。最原始的布加迪品牌已经在第二次世界大战后消失。不过战后此品牌曾经有两度中兴，目前它是大众集团旗下的一个品牌。

（1）布加迪品牌的历史可以追溯到1901年，艾托里·布加迪和他的儿子设计的汽车将艺术与技术完美地融为一体。艾托里·布加迪在20世纪20年代设计的各款车形都采用了轻量化技术，优美的工艺造型是任何人无法模仿的，深刻影响了30年代的汽车设计风格。在这二十年间诞生的布加迪经典车形，当首推艾托里·布加迪设计的、几乎横扫一切赛事的T35型赛车以及由布加迪设计的、具有先锋派艺术气息的

T57SC 型双门跑车。这个传奇品牌和两位伟大设计师的历史不仅仅具有艺术和技术方面的意义，同时也是汽车制造业最初的发展阶段的充分体现。

（2）1998 年，大众汽车集团决定让历史悠久的布加迪品牌重新焕发活力，收购了其全部商标权，在巴黎车展上展出了第一辆概念车布加迪 EB118。这辆 555 马力双门轿车是由意大利著名汽车设计公司 Italdesign 设计的。

（3）1999 年，在日内瓦车展上又推出了同样由 Italdesign 设计的布加迪 EB218，这是一款四门豪华轿车。在同年秋季的法兰克福国际车展上，以"二战"前最伟大的布加迪赛车手命名的布加迪奇龙 18.3 与世人见面。布加迪威航的概念车也在同年的东京车展上首次亮相。奇龙和威航都是由大众汽车集团以哈特穆特·瓦尔库斯为首的设计团队研发的。同年，在阿尔萨斯地区的莫尔塞姆成立了大众集团法国分公司布加迪 S·A·S 汽车公司。

（4）2001 年，大众汽车集团最终决定批量生产最后一次展示的概念车，市场定位在新型豪华跑车。这款车的正式名称是布加迪威航 16.4。

（5）2005 年秋季，在完成了传承历史的公司总部所在地圣·让庄园的修缮工作和生产车间的新建工作后，第一辆布加迪威航正式投产了，年产量约为 80 辆。大多数购买者是在莫尔塞姆直接提车。这也延续了艾托里·布加迪时代只满足少量客户的传统。

3. 布加迪品牌造型设计

创立至今已经有百余年历史的奢华超级跑车品牌布加迪近日推出了一款新车形"Vision Grand Turismo"概念车。除了会收录在 GT6 游戏当中之外，这款采用赛车设计理念打造并以此来致敬品牌赛车历史的全新车形还将出现在 2015 年 9 月 17 日到 27 日德国第五大城市法兰克福举办的第六十六届国际汽车展上。

布加迪 Vision Grand Turismo 概念车的前脸（图 9-12）为家族式马蹄形进气格栅。新车的设计灵感来源于 1937 年及 1939 年勒芒 24h 竞赛中获胜的 Bugatti Type 57 Tank。如今这款概念车和当年的冠军车 Bugatti Type 57 Tank 一样，也使用了一深一浅湛蓝调双色经典涂装，从车顶一路贯穿至车尾，并和高耸尾翼连成一气的仿 LMP1 赛车鳍翼，这是向布加迪经典车款 Type 57 Atlantic 致敬的设计。同时车顶还采用了一套称为 NACA 的扰流系统，不仅造型优美，更可以在高速行驶时让疾速的气流稳定通过车顶，与车尾的大型碳纤维尾翼并肩合作，带来更加出色的空气动力学效应。布加迪开发这款 Vision Grand Turismo 概念车（图 9-13），动员了设计团队所有力量和赛车的工程团队一同合作，对这款 VGT 车形进行全力打造。以现代顶尖的最新赛车科技为基础，辅以精准的空气动力学效应，追求实

图 9-12 布加迪 VGT 前脸

图 9-13 布加迪 VGT 前侧图

际效果、注重工程技术方面细节，当然还有布加迪独到的美学设计，使得新款 Vision Grand Turismo 充分体现出了布加迪高贵独特的品牌效应。

9.5 Ferrari（法拉利）—意大利

1. 法拉利车标

法拉利"红鬃烈马"标徽（图 9-14），是伴随着线条动人、马力惊人、颜色引人的法拉利赛车转战各地的"跃马"车徽，也有一段感人的故事。一位在第一次世界大战中捐躯的意大利空军英雄的双亲，看见法拉利赛车所向无敌的神采，正是爱子英灵依托的堡垒，于是恳请法拉利将原来标徽绘在其爱子座机上的"跃马"标志，镶嵌在法拉利车系上，以尽爱子巡曳地平线的壮志。法拉利欣然接受了这个建议，并在"跃马"的顶端，加上意大利的国徽为"天"，再以"法拉利"横写字体串连成"地"，最后以自己故乡蒙达那市的代表颜色——黄色，渲染全幅而组合成"天地之间，任我驰骋"的豪迈图腾。

图 9-14　法拉利车标

其外"跃马"车徽还有另外一种说法，在世界大战中意大利有一位表现出色的飞行员，他的飞机上就有一匹会给他带来好运的跃马。在法拉利最初的比赛获胜后，飞行员的父母亲，一对伯爵夫妇建议：法拉利也应在车上印上这匹带来好运气的跃马。后来飞行员死了，马就变成了黑颜色，而标志底色为公司所在地摩德纳的金丝雀的颜色。

2. 法拉利品牌发展历史

法拉利 (Ferrari) 是世界上最闻名的赛车和运动跑车的生产厂家，创建于 1929 年，公司总部在意大利的摩德纳，创始人是世界赛车冠军、划时代的汽车设计大师恩佐·法拉利。菲亚特公司拥有该公司 50% 的股权，但该公司却能独立于菲亚特公司运营。

法拉利汽车公司的创始人恩佐·法拉利说，他最中意的赛车是他还没有造出来的赛车，他最大的成功是他还没有达到的成功。这位被誉为"赛车之父"的意大利人，嗜车如命的血液从小就在他的身上沸腾。当他 13 岁时，终于说服了父亲，开始了自己单独驾车的历史。赛车场上发动机的轰鸣声，比赛的惊险和刺激，使他越战越勇。他当时驾驶着阿尔法·罗密欧驰骋赛场，屡获胜利，被队友们誉为赛车队的"骑士"。他由参加赛车到组建赛车俱乐部，最后终于创建了自己的汽车公司。

法拉利公司在世界车坛有崇高的地位，甚至有的汽车评论家说任何跑车都无法和法拉利汽车相比。在近一个世纪的历史长河里，法拉利推出了众多世界知名的汽车产品。法拉利跑车和赛车的最大特点是有绝佳的操控性及优异的性能，每辆跑车都装有一部高性能发动机，发动机最高转速可达 7000 至 10000r，功率超过 500 马力，最高车速可达 300km/h。与其他汽车的区别还有，每一辆法拉利汽车，都可以说是一件绝妙的艺术品。

1947 年 5 月 25 日，法拉利自己设计并制造的运动车获罗马最高奖，这是他的首次成功，从此，法拉利汽车公司就不断在各国公路和大赛中刮起了强劲的红色旋风。

3. 法拉利品牌造型设计

法拉利认为自己制造的跑车，是"会呼吸的艺术品"。传奇色彩的"法拉利红"起初是国际汽车联合会在 20 世纪初期分配给意大利赛车的颜色，作为这些赛车参加大奖赛的专用颜色。在这个世界上的许多领域，颜色只有一种象征意义。如果要在汽车世界中寻找一种颜色来引证一个品牌，那么非红色的法拉利莫属，圆尾灯的设计也是法拉利品牌的另一个标志性特征。

2008 年 5 月，法拉利发布的最新力作——新款法拉利 California（图 9-15），新款法拉利 California 的造型设计依然来自于法拉利与宾尼法利纳的合作，更加注重空气动力特性的需求，整个车身的线条圆润流畅，同时拥有很多体现法拉利特征的造型特点。新 California 的正面延续了 250GT California 的性格特征，向下张开的中央格栅将进气口压到了车头的底部，这样更能合理地利用车底的气流进行发动机冷却，硕大的金属亮银色的跃马徽标在中央格栅上更为醒目，前冲的发动机罩上进气口则告诉人们 California 拥有非凡的动力。从侧面看，从超长的车头沿发动机罩向后勾勒出的波浪形线条到车尾就迅速收笔，与向后倾斜的座舱构成完美的比例。当顶篷关闭时，车顶弧线同样能与车头车尾顺滑连接。由于是 2+ 概念，腰线滑过车门后就迅速向上升起并向内舱收缩，配合加宽的后轮罩，大幅提高下压力的同时尾部也显得厚实稳重，同时也在尾厢为顶篷和行李预留了足够的储藏空间。对于法拉利的车形来说，优秀的空气动力特性一定是车身设计的最重要因素，由此实现最佳车辆动力特性所需的下压力。当法拉利 California 关闭顶篷时，风阻系数达到了 0.32，是法拉利车形中最低的。California 的前灯采用了氙气大灯，而其余的功能灯则被依次设置在主灯的后方，有了一种向后的延伸感。圆筒形 LED 尾灯是直接插入到行李厢边缘。California 垂直排列的双排气管也是一种新颖的设计，而行李厢盖下沿一直延伸到保险杠，大大方便了行李的拿取。

图 9-15　法拉利 California

9.6　Lanborghini（兰博基尼）—意大利

1. 兰博基尼车标

兰博基尼 (Lamborghini) 又译作林宝坚尼、蓝宝坚尼 (台译)。兰博基尼汽车有限公司 (Automobili Lamborghini S.p.A.) 是一家超级跑车制造公司。1963 年，经由创业者费鲁齐欧 · 兰博基尼 (Ferruccio Lamborghini) 设立公司，早期曾因公司营运不善，数度易手经营权。兰

图 9-16　兰博基尼车标

博基尼的骨子里有一种唯我独尊的霸气，这种霸气使其在汽车界树立起了显赫的地位。

兰博基尼公司的标志是一头浑身充满了力气，正准备向对手发动猛烈攻击的犟牛。据说兰博基尼本人就是这种不甘示弱的牛脾气，也体现了兰博基尼公司产品的特点（图9-16）。因为公司生产的汽车都是大功率、高速的运动型跑车。车头和车尾上的商标省去了公司名，只剩下一头犟牛。标识符合了该公司大马力高速运动车的特性，这是一头浑身充满力气，正准备冲击的公牛，寓意由意大利兰博基尼公司生产的赛车马力大、速度快、战无不胜。这只具有意大利血统的公牛所代表的豪华跑车，在欧美的名气绝不逊色于法拉利的那匹骏马。

2. 兰博基尼品牌发展历史

兰博基尼是全球顶级跑车制造商及欧洲奢侈品标志之一，公司坐落于意大利圣亚加塔·波隆尼（Sant'Agata Bolognese），现为大众汽车旗下品牌。

（1）兰博基尼其创始人费鲁吉欧·兰博基尼（Ferruccio Lamborghini）于1916年出生在意大利北部，年轻时曾是意大利皇家空军的一名机械师，由于工作的原因，费鲁吉欧对机械原理非常熟悉。

（2）"二战"之后，大量的军用物资被遗弃，费鲁吉欧·兰博基尼开始使用这些剩余军用物资制造拖拉机，并成立了最初的兰博基尼公司，主营业务是制造拖拉机、燃油器和空调系统。

（3）20世纪50年代中期，由于对机械原理和机械制造的精通，以及极佳的商业头脑，兰博基尼公司成了当时最大的农用机械制造商。

（4）1958年费鲁吉欧·兰博基尼拥有了自己第一辆法拉利250 GT，而兰博基尼最终转为制造自己的汽车也是源于自己所拥有的250 GT。

（5）1963年第一辆林宝坚跑车350GT诞生，后兰博基尼公司经数次转手，最后落到美国汽车传奇人物李·雅可卡的手中。

（6）1987年兰博基尼被美国克莱斯勒汽车公司收至麾下，成为克莱斯勒海外分公司，后因克莱斯勒技术的加入使到后来的Diablo受益匪浅。

3. 兰博基尼品牌造型设计

咄咄逼人的活力动感、一往如前的豪迈气势、意大利式的热血奔放——这些用来形容卓越非凡的兰博基尼品牌再贴切不过了。兰博基尼独特的扁平和见棱见角的外表和那非常有特色的黄色是其独具一格的标志，兰博基尼一代一代的更新升级中，无论是老车形还是新车形在兰博基尼不同型号车形中，这一点始终是构成兰博基尼的最终元素。

图9-17　兰博基尼 Countach　　　　图9-18　兰博基尼 Diablo

　　兰博基尼的两大主流车形是 Countach（图 9-17）和 Diablo（图 9-18），Countach 车形是在 1973 年的日内瓦世界汽车博览会上首次推出的。在跑车风靡的 20 世纪 70 年代，跑车款式层出不穷，如何使自己的风格标新立异，是当时立足跑车坛的唯一标尺。马赛罗·肯迪找到了突破口，他设计的兰博基尼 Countach 5000S 跑车，隐藏着的前大灯使它打破传统的车形，前挡风玻璃与车头形成一个平滑的斜面，车身侧面有三个进风口，这不仅是为冷却发动机而设计，还能使车身整体造型具有强烈的雕刻感，全身上下散发着一股强烈的阳刚之气，每一条线条和棱角都显示着不羁的野性。特别是向上方打开的鸥翼式车门，给人一种超级汽车的感觉，直至四十几年后的今天，还让人感受到设计师的超前意识。这辆车被认为是汽车历史上的一座里程碑。

　　Countach Anniversario 之后，兰博基尼公司推出的 Diablo 替代了 1990 款的 Countach 型，被人们评价为"意大利又一辆超级跑车"。兰博基尼 Diablo 跑车是一辆典型男士跑车，并不是因为它外貌阳刚，而是因为它的各项操作都比一般跑车重。例如转向系统、方向盘没有动力辅助，易放难收，除非有极高的驾驶技术，否则不易控制它的野性，驾驶这辆车是一个挑战。

9.7　Aston Martin（阿斯顿·马丁）—英国

1. 阿斯顿·马丁车标

　　阿斯顿·马丁汽车标志为一只展翅飞翔的大鹏，喻示该公司像大鹏一样，具有从天而降的冲刺速度和远大的志向（图 9-19）。以生产敞篷旅行车、赛车和限量生产的跑车而闻名世界的阿斯顿·马丁·拉宫达公司名声赫赫，不知是否得益于这只大鹏带来的运气。

图 9-19　阿斯顿·马丁车标

2. 阿斯顿·马丁品牌发展历史

　　阿斯顿·马丁由莱昂内尔·马丁（Lionel Martin）和罗伯特·班福特（Robert Bamford）于 1913 年共同组建，公司名为 Bamford & Martin。其品牌一直是造型别致、精工细作、性能卓越的运动跑车的代名词，被称为跑车中的劳斯莱斯。马丁是一个赛车手，而班福特则是一名工程师，1913 年两人合作开始制造高档赛车，公司当时的名称是马丁·班福德公司，1914 年他们生产出自己的第一辆汽车。

　　1994 年，阿斯顿·马丁成为福特汽车公司的全资子公司。福特除了为其提供财务保障外，还向它提供福特在世界各地的技术、制造和供应系统，以及支持新产品的设计和开发，令这颗豪华跑车中的明珠重新焕发出迷人的魅力。阿斯顿·马丁品牌的著名车形有：DB5、DB6、DB7、DBS、Vantage、Vanquish 以及 ONE-77。

　　阿斯顿·马丁品牌大事记见表 9-3 所示。

表 9-3　阿斯顿·马丁品牌大事记

年份	阿斯顿·马丁品牌大事记
1912	Bamford and Martin 有限公司在伦敦创立
1914	随着在阿斯顿 Hill Climb 的辉煌胜利，阿斯顿·马丁横空出世
1915	第一辆阿斯顿·马丁注册
1921	第一台阿斯顿·马丁比赛车面世
1922	阿斯顿·马丁境外首发，参加法国国际汽车大奖赛
1928	首次参加勒芒 24h 耐力赛
1937	已经有 140 台车出厂——"二战"前最高的产量

1939	推出极其前卫的设计，使用空间构架底盘和独立的悬挂，即后来著名的 Atom（原子能）
1948	斯帕改装款在斯帕 24h 耐力赛中取得胜利，阿斯顿·马丁 2 升车形投产
1949	2 台 DB2 样车参加勒芒赛事，其中一辆进入前三名
1951	DB2 勒芒赛事中，DB2 包揽了 3L 级别的前三名
1954	DB4 投产
1956	4 辆 DBR1 赛车在本年和随后的三年中出厂并参加比赛
1959	阿斯顿·马丁 DBR1 赢得世界运动车锦标赛冠军，随后又赢得 Nurburgring 和勒芒的 1000kms 赛事和 RAC Tourist
1963	罗伊·沙华杜拉在蒙萨 DB4 锦标赛中胜出
1963	DB5 投产
1964	DB5 在邦德影片《金手指》中首次触电
1977	V8 Vantage 投产
1989	阿斯顿·马丁出品的 AMR1 在世界运动车锦标赛中排名第 6
1999	勒芒 V8 Vantage 款投产
2003	第 7000 辆 DB7 下线出厂
2004	Gaydon 生产厂正式建成投产，这也是阿斯顿·马丁史上第一家
2005	阿斯顿·马丁重回赛场
2007	阿斯顿·马丁 DBR9 在勒芒 24h 耐力赛中的 GT1 赛事中胜出，是阿斯顿·马丁自 1959 年在勒芒的首次加冕
2007	阿斯顿·马丁 N24 在银石赛道赢得 FIA GT4 赛事
2007	阿斯顿·马丁 N24 赢得 Nurburgring、斯帕和银石的 24h 耐力赛大满贯胜利
2008	阿斯顿·马丁亚洲杯，阿斯顿·马丁系列赛亚洲首发

3. 阿斯顿·马丁品牌造型设计

阿斯顿·马丁永远有着英国手工匠的细致做工，还有那一张大嘴，永远肆无忌惮的吞噬着空气。阿斯顿·马丁的新家族化脸谱的代表产品是阿斯顿·马丁 One-77（图 9-21），One-77 的惊人外形设计几乎传承了阿斯顿·马丁的 DNA 血统，这家纯正的老牌英国车企并没有让我们失望，并且改良了传统的一些令人诟病的设计，诸如一直以来臃肿的设计是阿斯顿·马丁车形的一贯特色，而 One-77 则甩掉了这样的风格，没有了一身赘肉的它，真正展现了动感、灵动的身姿。

图 9-20 阿斯顿·马丁 One-77

前引擎盖上的扇贝形进气口和独特的脊线显得霸道异常，而车头圆润的大灯造型则给人一种舒缓的感觉，复杂的大灯则进一步体现了科技感，LED 行车灯、主大灯点缀得恰到好处，起到了画龙点睛的作用。与前脸不同，One-77 尾部采用的是全一体化设计，简洁的设计带来更强烈的视觉质感，可升降式尾翼为车辆提供更多的稳定性。而更多碳纤维的引入让 One-77 能够保持极为惊人的车身重量，1500kg 左右的重量对于一台搭载 7.3L V12 发动机的怪兽来说绝对算得上是够出彩了。或许外形方面可能你还无法体会 One-77 的独到之处，那么它的内饰才是真正出彩的地方。

9.8 Mercedes-Benz（梅赛德斯－奔驰）—德国

1. 梅赛德斯－奔驰车标

戈特利布 · 戴姆勒于 1909 年为三叉星标志申请专利权，但奔驰则属于一个圆形徽章。戈特利步 · 戴姆勒的标志来源于戴姆勒给他妻子的信，他认为他画在家里房子上的这颗星会为他带来好运，这颗三叉星还象征着奔驰汽车公司向海、陆、空三个方向发展。1909 年，戈特利布 · 戴姆勒先生为了纪念他的 VELO 型车大批量生产，将三叉星内的齿轮图案改为月桂枝，以示胜利，而标志内的"梅赛德斯"则取自其在奥地利的汽车经销商埃米尔 · 耶利内克美丽女儿的名字。"梅赛德斯"在西班牙语中有幸运的含义，可惜这位美女于四十岁死于不幸的婚姻，而以她命名的做法却不胫而走。

图 9-21　梅赛德斯－奔驰车标

奔驰的标志最初是 Benz 外加麦穗环绕。1926 年，戴姆勒与奔驰合并，星形的标志与奔驰的麦穗终于合二为一，下有 Mercedes-Benz 字样，后将麦穗改成圆环，并去掉了 Mercedes-Benz 的字样。而随着这两家历史最悠久的汽车生产商的合并，厂方再次为商标申请专利权，而此圆环中的星形标志演变成今天的图案，一直沿用至今，并成为世界十大著名的商标之一。

2. 梅赛德斯－奔驰品牌发展历史

梅赛德斯－奔驰（Mercedes-Benz），德国汽车品牌，被认为是世界上最高档汽车品牌之一，其完美的技术水平、过硬的质量标准、推陈出新的创新能力，以及一系列经典轿跑车款式令人称道。在国际上，该品牌通常被简称为梅赛德斯（Mercedes），而中国内地称其为"奔驰"（因此，又有梅赛德斯－奔驰一说），台湾译为"宾士"，香港译为"平治"。

梅赛德斯－奔驰品牌大事记见表 9-4 所示。

表 9-4 梅赛德斯－奔驰品牌大事记

年份	梅赛德斯－奔驰品牌大事记
1886	本茨发明汽油发动机为动力的三轮车，与此同时，戴姆勒也发明出了他的第一辆四轮汽车
1889	戴姆勒首先为它的汽车安装上了四挡变速器
1890	戴姆勒汽车公司成立，梅巴赫设计了第一台直列 4 缸四冲程发动机
1895	世界第一条公共汽车线路开始运营，该车采用奔驰发动机
1896	戴姆勒汽车公司成功制造出世界上第一辆货车；同年，戴姆勒为 P&L 公司制造了世界首台汽车用 4 缸发动机
1901	戴姆勒汽车公司制造的第一台 35 马力的梅赛德斯跑车赢得 Nice-la Turbie 爬山冠军
1902	戴姆勒获得了"梅赛德斯"法定使用权，并将"梅赛德斯"作为其新的商标
1903	奔驰汽车公司的第一种装有对置式、水冷发动机和传动轴的汽车帕西法尔型汽车制造成功
1914	奔驰汽车公司和戴姆勒汽车公司两大汽车巨人终于走到一起创办了举世闻名的"梅赛德斯－奔驰"汽车公司
1954	梅赛德斯－奔驰 300SL 在赛场上叱咤风云两年后，量产版的 300SL 推出，超越时代的设计和令人窒息的外形使它成为奔驰历史上设计的巅峰之作，至今仍是收藏家们的最爱
1965	梅赛德斯－奔驰 W108 和 W109 这时推出的奔驰 250S、250SE 以及 300SE 为奔驰豪华车开创了一个新的时代，经典的设计思路一直延续到今日的奔驰豪华轿车上
1970	梅赛德斯－奔驰 C111 虽然是实验车形，但在那个年代，C111 的前卫还是超乎想象，即便不把它装备的那台汪克尔转子发动机考虑在内也是如此
1982	梅赛德斯－奔驰 190，这款划时代的轿车被称为"baby benz"，因为它是当年奔驰系列中最小的车形，但是成功的设计将奔驰品牌的豪华气质赋予这款新级别轿车。此后，这一开创了"高档紧凑级轿车"细分市场的车形成为奔驰汽车销量最大的车系，即今日的 C 级轿车

3. 梅赛德斯 - 奔驰品牌造型设计

从 20 世纪 20 年代开始就能在奔驰车上发现的精致水箱格栅造型如今已经成为奔驰轿车的一个标志，虽几经演绎，但神韵不改。同样具有标志性的家族特征当然还包括奔驰轿车永远稳重宽厚的前脸布局以及比例和谐、四平八稳的侧面线条。"传统"二字成为人们对奔驰汽车外观设计的第一个基本认识。如果有人愿意把奔驰近 50 年来的产品按照级别分类和时间排序列阵，首先会发现奔驰的设计始终在被历史的线索牵引，这是一个严谨的体系。这也就是为什么当"四眼"大灯取代"钻石切割"大灯设计出现在奔驰 E 级轿车上时，引发了疑问和争议的原因，也是为什么当人们注意到 20 世纪 50 年代奔驰轿车前保险杠上竖立的两只副灯时，前面这些疑问与争议的涟漪恢复平静的原因。

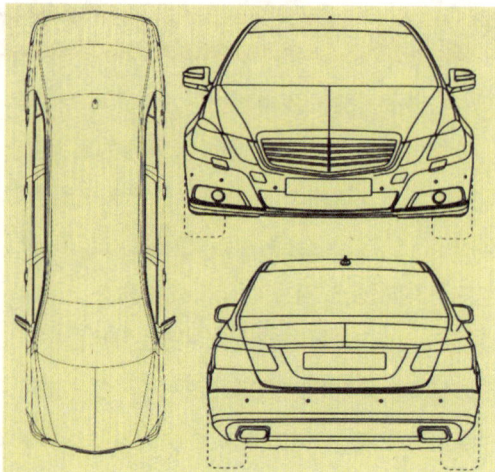

图 9-22　奔驰 E-Class Pullman

奔驰制造了第一辆世界公认的汽车，1934 年 8 月"梅赛德斯 - 奔驰"汽车公司制造了世界上第一辆防弹汽车 770K，该车是为希特勒特制的高级轿车。奔驰车形从 A 级到 R 级每款都不逊色。无论是哪款都给人尊贵、豪华的气派。每一款车形身上都有奔驰独有的 DNA，都可以看出其独有的气质。

图 9-23　奔驰 u 级设计思路

无论是 07 款还是更早的车形，奔驰车的前脸 DNA 都没有发生太大变化，"U"源自于德语的"üppig"，即"大方""绚烂""奢华"，让人一眼看上去还可以认出是豪车奔驰，前脸的设计一直都是遵循中规中矩的模式（图 9-23），传统的倒梯形大型格栅，几代都是一个样。虽然现在的外形设计上要比许多年前的线条更优雅、更流畅，但是奔驰的豪华、尊贵的气派一直都不可抵挡。还有奔驰的腰线给人的感觉总是那么干净利落而富有动感和力量，这也是家族化特征的重要体现。

9.9　BMW（宝马）—德国

1. 宝马车标

标志中 BMW 是巴伐利亚汽车制造厂的意思，标志（图 9-24）的色彩和组合来自宝马所在地巴伐利亚州的州徽——蓝白相间的图案。因为宝马汽车公司是以生产航空发动机开始创业的，因此此标志也代表旋转的螺旋桨，象征着在广阔的时空中，以先进的精湛技术、最新的观念，满足顾客的最大愿望，反映了公司蓬勃向上的气势和日新月异的新面貌。

图 9-24　宝马车标

2. 宝马品牌发展历史

宝马一贯以高档品牌为本，正是宝马成功的基础。BMW 集团拥有 BMW、宝马 MINI 和 Rolls-Royce（劳斯莱斯）三个品牌。这些品牌占据了从小型车到顶级豪华轿车各个细分市场的高端，使 BMW 集团成为世界上唯一一家专注于高档汽车和摩托车的制造商。高档意味着"附加值"。BMW 集团的品牌各自拥有清晰的品牌形象，其产品在设计美学、动感和动力性能、技术含量和整体品质等方面具有丰富的产品内涵，因此，这些品牌可以给用户提供切实的附加值。

　　(1) 宝马公司创建于 1916 年 3 月 7 日，总部设在德国慕尼黑，最初以制造流线型的双翼侦察机闻名于世，这家公司的名字叫 BFW（Bayerische FlugZeug-Werke，巴伐尼亚飞机制造厂），公司始创人为吉斯坦·奥托（Gustan Otto），其父是鼎鼎大名的四冲程内燃机的发明家。

　　(2) 1917 年 7 月 20 日，吉斯坦·奥托退休后，BFW 公司便开始重组，正式名为 BMW(Bayerische Motoren Werke），英文是人们熟识的 Bavarian Motor Works，车厂有了两位新老板，第一位是积及·莎柏奴（Jacok Schapiro），另一位是甘美路·卡斯丁哥尼（Camilo Castigloni），两人都是日后 BMW 车厂发展史举足轻重的人物，积及这位大商家更是当年戴姆勒 - 奔驰（Daimler-Benz）车厂股东之一。

　　(3) 1922 年，BMW 研制了第一台摩托车发动机，之后在纽灵堡（Nuremberg）的 Victoria-Worke 厂房重新制造了一台气冷 500mL 的两汽缸摩托车发动机和 R32 摩托车，正式展开了他们的业务。1923 年末，他们特约在慕尼黑（Munich）生产摩托车，而挂有 BMW 商标的 R32 摩托车则首次在市场中销售。

　　(4) 1925 年，BMW 开始研制汽车，雏形也同时建成，为日后进军汽车坛打下了基础。

　　(5) 1933 年，在德国的柏林车展上，BMW 展示了由工程师费迪拿（Fritz Peidler）协助下完成的最新的 303 型（图 9-25），车款是从 3/20 演变过来，配用一台并列 6 气缸、双化油器，气缸容积 1173mL，制动功率可发出 22kW 的高性能双门四座位轿车，车头盖占了车身的一半，两边通风隔设计相同，以中线分开，前后轮距 2365mm，车厢空间充足和舒适。303 型之后再延伸至 315、319、320 及 3231 型，BMW 的创作源泉正在长流不息间。

　　(6) 1936 年，BMW 的 4 气缸发动机设计全线改为 6 气缸发动机设计，而采用 4 气缸发动机的 309 型也同时间停产。

　　(7) 1939 年的夏天，325 型跑车推出市场，使"年青"的宝马更声名大噪，流线型车身结合了空气动力学的设计，使得被世界公认为第一辆真正符合空气动力学的汽车设计，由于受到"二战"的影响被终止。

　　(8) 1945 年，英国重建 328 型，326 型亦得以复苏，同样奇怪的是美国人也很喜爱 328 型，他们从英国购入发动机，重新设计车身和加大功率至 97kW，然后运往美国市场销售。

　　(9) 1952 年 10 月，BMW 终于再投产汽车，制造的汽车是战前的 501 系四门房车（图 9-26），沿用那台 6 汽缸 2L 发动机，单化油器，功率 48kW，至于其他设备则是全新，其性能和耐用性获得一致好评。

　　(10) 1954 年，BMW 推出由 501 型改良的 502 型四门自车，沿用一台全新 V8 汽缸发动机，是"二战"后的一次突破，复原后的宝马立志要在豪华客车和轿跑车及摩托车上创一番事

图 9-25　宝马 303 型

图 9-26　宝马 501 型

业。BMW 振兴工业行动终于又迎来一片曙光来。

图 9-27　宝马 7 系设计图

　　（11）宝马公司在 13 个国家设有子公司和生产厂，国内有 10 家子公司。销售的汽车产品有宝马新 3、新 5、新 7 和新 8 系列豪华小轿车。

　　3. 宝马品牌造型设计

　　一直以来，宝马给人的感觉是比例、外观和细节的完美和谐。长轴距、短前悬、修长的发动机罩与后方乘客舱的典型组合，使每一辆 BMW 都表现得生机勃勃、优雅动人，即使在静止不动时也显得动感十足。每款车形的独有个性都通过造型精致的外观设计显露无遗，而精妙的轮廓则使个性更加鲜明。精巧的细节则赋予了它们多面的特性。长久以来，各种鲜明的设计特征共同塑造出 BMW 独一无二的风格。所有车形都重点诠释自身的典型特点，以强调其独立的个性。

　　BMW 的发展可以说是全世界有目共睹的：3 系、7 系（图 9-27）、X5、Z4……但是尽管宝马家族有千千万万的变化，宝马车身那种"天高任鸟飞"的设计理念也是不会变的。宝马品牌的点睛之笔，和它永远都不会变化的一部分就是大灯——宝马汽车的眼睛，这个取材于鹰眼的大灯设计，良好地传达出了宝马品牌的精髓：豪华、凶猛、凛然不可侵犯的王者之风。宝马的精髓还在于双肾形进气格栅，这一点视觉上都会被大家一眼看穿。

9.10 Maserati（玛莎拉蒂）一意大利

　　1. 玛莎拉蒂车标

　　玛莎拉蒂汽车的标志是在树叶形的底座上放置的一件三叉戟（图 9-28），这是公司所在地意大利博洛尼亚市的市徽，相传于罗马神话中的海神纳普秋手中的武器，显示出海神巨大无比的威力。玛莎拉蒂世界代表着非凡的精致、永恒的风格和强烈的情感，最重要的是，代表着梦想成真。玛莎拉蒂汽车始终是尊贵品质与运动精神完美融合的象征。

2. 玛莎拉蒂品牌发展历史

（1）1914 年他们在意大利的波洛尼亚开办了一家生产汽车配件的工厂。

（2）1923 年起他们与一家叫迪亚托的汽车公司合作制造赛车参赛，可到了 1926 年该公司退出了汽车比赛。于是四兄弟开始独立生产赛车，并以自己的名字命名。同年，四兄弟中的阿尔弗莱德驾驶他们自己生产的第一辆赛车 TIPO26 赢得了环西西里岛拉力赛冠军，玛莎拉蒂赛车因而一举成名。

图 9-28 玛莎拉蒂
车标

（3）1937 年由于经济原因，公司被玛莎拉蒂家族出售，但公司名称没有变化，1940 年迁至摩德纳。1939 和 1940 年，玛莎拉蒂连夺两届美国印第安纳 500km 锦标赛冠军。

（4）1947 年，安素·法拉利在玛莎拉蒂总部南端数公里外，创办以其姓氏为名的法拉利公司，从此意大利双雄逐鹿车坛的经典故事便正式开始。

（5）1957 年，阿根廷传奇车手范之奥驾驶玛莎拉蒂一级方程式赛车 250F 取得了世界冠军。

（6）1975 年曾与德 - 托马索轿车公司联合，但仍保持各自的独立。

（7）1989 年几经周折，最终成为菲亚特汽车公司的子公司，品牌仍然保留。

（8）玛莎拉蒂在 1997 年纳入法拉利旗下，这两个经典品牌构成了现今车坛绝无仅有的超级跑车集团。

玛莎拉蒂同法拉利不但在赛场上竞争，也在高档轿跑车市场上竞争。法拉利的跑车产品融入了一级方程式的设计元素，可以说是终极高性能跑车。而玛莎拉蒂则更加重视豪华和舒适，性能方面兼顾到了高贵的内饰和典雅的装潢，同时又生产四门高性能轿车，此款轿车可以说是四门轿车的外壳，本质却强调跑车的性能。

3. 玛莎拉蒂马品牌造型设计

玛莎拉蒂外形也是格外的彪悍。车头巨大的进气口即是源自"鲨鱼鼻"的造型，不仅显得凶猛十足，还会十足的盛气凌人。赛车与性能民用化间存在着微妙的关系，玛莎拉蒂也利用其 GranTurismo 车形作为赛车蓝本，举办了 Trofeo GranTurismo MC 单一车形赛事，此外也研发了一个特别版本参与 FIA GT4 组别比赛。GranTurismo MC Stadale 正是基于上述赛事背景而开发的一款量产车形（图 9-29）。量产车形并不代表它就必须符合民用化，GranTurismo MC Stadale 的定位是"可以上路的合法赛车"，所以拥有目前整个玛莎拉蒂量产车里最强悍的性能。

它的轮廓仍表露着宾夕法尼亚工作室的性感，

图 9-29 玛莎拉蒂 GranTurismo MC

甚至依旧有些妩媚！而参数上的变化更是决定于性情变化所做出的决策：GranTurismo MC Stradale 比 GranTurismo S 跑车加长了 48mm，前后悬架分别降低 10mm 和 12mm。这些数据差异体现在带加大开口的前保险杆、从赛车上直接移植的大型鸭尾尾翼，以及整合双排气管尾段与大型底盘分流器的后保险杆。野性外表带来的不仅仅是视觉"恐吓"效果，更能让 GranTurismo MC Stradale 以 200km/h 时速驰骋时，车头与车尾分别提升 25% 与 50% 的下压力；而鳍状散热孔道的前叶子板，在暴走过程中也让制动系统获得了更好的冷却效应。

从设计图（图 9-30）来看，玛莎拉蒂 SUV 采用了全新的家族式前脸，采用了蜂窝状的下进气格栅，直瀑式的 U 型前格栅设计，车身侧面线条凌厉，C 柱设计很有几分 Coupe 车形的味道，尾灯设计是玛莎拉蒂的一贯风格，采用了双边共四出排气管。标志性的前进气格栅配合造型犀利的前大灯，让前脸看起来极具攻击性，而富有力量感的尾部和双边四出排气管则让 Ghibli 具备了非常动感的视觉效果。

动力方面，玛莎拉蒂 Levante 将搭载 V6 发动机，低功率版发动机功率可达 350Ps，高功率版发动机功率可达 425Ps。另外，这款车还将搭载 V8 发动机，其最大功率将可能超过 560Ps。

综上所述的 10 大品牌汽车造型设计，不仅仅是因其外形设计代表了不同时代、不同国家及文化的潮流，更重要的是其近百年来对汽车完美的技术水平、过硬的质量标准、推陈出新的创新能力的发展，引领了汽车造型设计开创新时代。

图 9-30　玛莎拉蒂 SUV 设计图

[1] 何人可. 工业设计史. 北京：高等教育出版社，2004.

[2] 黄国林. 汽车油泥模型设计与制作. 北京：人民交通出版社，2016.

[3] 刘芝鹭. 汽车造型设计：流程·实践. 北京：清华大学出版社，2013.

[4] 雷雨成. 汽车车身设计与制造. 哈尔滨：哈尔滨工业大学出版社，1996.

[5] 丁玉兰. 人机工程学. 北京：北京理工大学出版社，2000.

[6] 李砚祖. 艺术设计概论. 武汉：湖北美术出版社，2002.

[7] 诺曼. 情感化设计. 付秋芳，程进三，译. 北京：电子工业出版社，2005.

[8] 唐纳特·A·诺曼. 设计心理学. 梅琼，译. 北京：中信出版社，2003.

[9] 朱光潜. 西方美学史. 北京：人民文学出版社，2008.

[10] Donald A. Norman. Emotional Design. New York:Basic Books，2004.

[11] 彭克宏. 社会科学大词典. 北京：中国国际广播出版社，1989.

[12] 田自秉. 中国工艺美术史. 上海：东方出版中心，2008.

[13] 肖正中. 产品设计程序与方法. 北京：中国科学技术出版社，1994.

[14] 郑建启，胡飞. 艺术设计方法学. 北京：清华大学出版社，2009.

[15] 郑建启. 材料工艺学. 武汉：湖北美术出版社，2002.

[16] 柳沙. 艺术设计心理学. 北京：清华大学出版社，2006.

[17] 赵江洪. 设计心理学. 北京：北京理工大学出版社，2005.

[18] 周美玉. 工业设计应用人类工程学. 北京：中国轻工业出版社，2004.

[19] 王望予. 汽车设计. 北京：机械工业出版社，2004.

[20] 简召全. 工业设计方法学. 北京：北京理工大学出版社，2004.

[21] 刘大维. 汽车工程概论. 北京：机械工业出版社，2004.

[22] 郭秀荣. 汽车造型设计. 北京：机械工业出版社，2013.

[23] 傅立敏. 汽车空气动力学. 北京：机械工业出版社，1996.

[24] 彭岳华. 现代汽车造型设计. 北京：机械工业出版社，2011.

[25] 陈慎任. 设计形态语义学：艺术形态语义. 北京：化学工业出版社，2005.

[26] 吴翔. 产品系统设计——产品设计. 北京：中国轻工业出版社，2008.

[27] 徐宝成. 汽车油泥模造型. 北京：机械工业出版社，2012.

[28] 张展，王虹. 产品设计. 上海：上海人民美术出版社，2002.

[29] 刘永翔. 产品设计实用基础. 北京：化学工业出版社，2003.

[30] 周忠龙. 工业设计模型制作工艺. 北京：北京理工大学出版社，2002.

[31] 朱淳. 现代汽车概论. 北京：中国美术学院出版社，2005.

[32] 任恒山，周水庭. 现代汽车概论. 北京：人民交通出版社，2009.

[33]《汽车工程手册》编辑委员会. 汽车工程手册：设计篇. 北京：人民交通出版社，2009.

[34] 日本自动车技术会. 汽车工程手册4：动力传动系统设计篇. 北京：北京理工大学出版社，2010.

[35] 细川武志. 汽车构造图册. 北京：人民交通出版社，2005.

[36] 人民交通出版社汽车图书出版中心. 大众系列轿车典型结构图册. 北京：人民交通出版社，2010.